「言いさし文」の研究

白川博之

くろしお出版

はじめに

　本書は2007年1月25日に広島大学に提出し、2007年3月5日付で博士（学術）の学位を受けた学位論文「従属節による『言いさし文』の談話機能に関する研究」を元に若干の加筆・修正を加えたものである。
　「従属節による『言いさし文』」というのは、たとえば、次の文のように、接続助詞で終結した文のことである。

（1）慎平　「おやつ、アイスクリームが冷蔵庫に入ってるからな」
　　　　　　　　　　　　　　　　　（鎌田敏夫『男たちによろしく』p.69）
（2）響子　「あの…三鷹さん私…アパートに電話したいんですけど。」
　　　　　　　　　　　　　　　　　（高橋留美子『めぞん一刻⑬』p.82）

　「から」や「けど」は接続助詞であるので後に語句が続くはずなのにそこで文が終結しているし、従属節は主節に従属しているはずなのに肝心の主節が欠落している。このような文をどう文法的に説明したらよいかというのが本書のテーマである。
　規範文法的な立場に立てば、続くはずの語句が続いておらず存在すべき主節が存在しないのだから、当然、主節を言わずに従属節だけ言って途中でやめた文ということになる。上のような文が「言いさし」の文と呼ばれるのは、このような規範意識を反映している。
　しかし、「言いさし文」は、あるべき言葉を補って完全な文に修復しなければ説明できないような不完全な文なのだろうか。そうだとすると、日本語の会話には不完全な文が溢れていることになるが、どう考えてもそれは不自然である。あるいは、話し言葉の文法は書き言葉の文法と違うのだろうか。そうだとしても、「から」や「けど」が元々このような構文を可能にするような性質を持っており、話し言葉と書き言葉で運用のしかたが違うだけであるといった説明に持って行けたほうがより説得力があるのではないか。

はじめに

　こういった考えの下で、シナリオ・漫画・対談・小説・ドラマなど、話し言葉の資料から「言いさし文」の用例を収集し、それを材料にして自分なりの整理のしかたや説明を提案したのが本書である。

　従属節による「言いさし文」は、文の途中で言いさしたものではなく、そこで言い終わっている文であるというのが、本書の主張である。本当は言いさしたものではないという立場であるから、「言いさし文」という用語に替えてほかの用語を提案すればよいようなものだが、何を指しているかがわかりやすく専門家の間で通りの良い通称を括弧付きで用いた。

　単文の研究と比較して研究が遅れていると思われる複文の研究、書き言葉に比較して研究が遅れていると思われる話し言葉の文法、この２つの研究課題が重なり合ったところに位置する「言いさし文」の研究から文法研究の新しい地平が開けてくるのではないかというのが筆者の密かな野望であった。「言いさし文」という、言ってみれば周辺的にも見える構文にこそ、日本語文法の新しい見方を提供してくれる手掛かりが隠されているのではないかという直感もあった。この野望や直感がどれだけ実を結んでいるかは本書を読んでくださる方々のご判断に委ねるしかない。

　なお、本書の元になった諸論文（詳細は「おわりに」を参照）は、筆者が1992年度および1993年度に交付を受けた科学研究費補助金（奨励研究（A）、研究課題「現代日本語の複文のシンタクスと意味」）の恩恵に浴している。実例の収集・整理に要した費用はこの補助金でまかなわれた。ここに改めて記して謝意を表する。今回このような形で成果が世に出るまでに時間を要したことは、もちろん、筆者の怠慢によるところが大きいが、文科系の学問の常として、短期間で成果を見通すことが困難であるということも否めない。

凡　例

1. 例文の許容度は、文頭に以下の記号を付して示す。
   * ＊　　文法的に許容できない
   * ♯　　文法的には正しいがその文脈では不自然
   * ？　　文法的にやや不自然、あるいは、その文脈ではやや不自然
   * ??　　文法的にかなり不自然、あるいは、その文脈ではかなり不自然
   * 無印　特に問題はない

2. 発話状況の説明は、例文の冒頭に [　　] で示す。

── 目　次 ──

はじめに i
凡　例 iii

──序　章──
「言いさし文」の概観 1

1. 本書の目的 1
2. 本書の立場 4
3. 言いさし文の類型 7
4. 本書の構成 12

第1部　言い尽くしの「言いさし文」 13

──第1章── ケド節による言い尽くし 15

1. はじめに 15
2. 「言い尽くし」のケド節の類型 16
3. 倒置的な用法 18
4. 挿入的な用法 23
5. 終助詞的な用法 25
6. ケド節による「言いさし文」の機能 31
7. まとめ 34

──第2章── カラ節による言い尽くし 37

1. はじめに 37
2. 理由を表さない「から」の様々 40
3. カラ文のバリエーションと談話的機能 51
4. 理由を表さないように見える「から」 60
5. まとめ 66

第3章 タラ節・レバ節による言い尽くし ... 69
1. はじめに ... 69
2. タラ節による「言いさし文」の用法 ... 71
3. レバ節による「言いさし文」の用法 ... 75
4. タラ節とレバ節の使い分け ... 81
5. まとめ ... 89

第1部のまとめ ... 91

第2部 関係づけの「言いさし文」 ... 93

第4章 カラ節による関係づけ ... 95
1. はじめに ... 95
2. 「からだ」の使用条件－久野説の検討－ ... 98
3. 「からだ」を積極的に使うのはどんな場合か？ ... 103
4. 「から」による理由の説明 ... 110
5. 同根の問題 ... 119
6. まとめ ... 125

第5章 シ節による関係づけ ... 127
1. はじめに ... 127
2. 〈併存用法〉と〈列挙用法〉 ... 128
3. シ節による「言いさし文」の位置づけ ... 131
4. 談話におけるシ節の機能 ... 138
5. まとめ ... 139

第6章 テ形節による「言いさし文」 ... 141
1. はじめに ... 141
2. 「て」の終助詞的な用法 ... 144
3. テ形節による「言いさし文」の文脈依存性 ... 153
4. まとめ ... 160

第2部のまとめ ... 162

第3部 文としての「言いさし文」……………………………………165

─第7章─ 「言いさし文」の文法的位置づけ……………………167

1. はじめに……………………………………167
2. 「言いさし文」と独立文の平行性……………………………………167
3. 「言いさし文」と「完全文」の従属節の異質性……………………………………180
4. まとめ……………………………………186

─第8章─ 日本語教育における「言いさし文」……………………187

1. はじめに……………………………………187
2. 文型としての「言いさし文」……………………………………188
3. 補足説明の必要のある「言いさし文」……………………………………191
4. 誤解を招く恐れのある「言いさし文」……………………………………195
5. まとめ……………………………………196

おわりに……………………………………197

用例出典……………………………………202
引用文献……………………………………205
索　引……………………………………209
著者紹介……………………………………217

―序章―
「言いさし文」の概観

1. 本書の目的

　日本語の会話においては、次の(1)～(4)のように従属節のみで終結した「言いさし」の文(以下、「言いさし文」と呼ぶ)がしばしば見られる。[1]

(1) **舞**　「ダンス歴は？」
　　杉山　「まったくの初めてです<u>けど</u>」
　　　　　　　　　　　　（周防正行『Shall we ダンス？』p.23）
(2) **良介**　「ややこしいやっちゃなあ」
　　　　と、出ていく。
　　良介　「ちょっと、煙草買うてくる<u>から</u>」
　　　　　　　　　　　　（鎌田敏夫『男女７人秋物語』p.117）
(3) **阿川**　巷間噂されているスポーツキャスターへの道とかは？
　　有森　そういう道は、納得いく形で自分を生かすことはできないと思います。魅力も感じていません<u>し</u>。
　　　　　　　　　　（阿川佐和子『阿川佐和子のこの人に会いたい』p.202）
(4)「ちょっと来てくれる？　心細く<u>て</u>。」

---

[1] 自然発話の非流暢性を扱う分野では、「私…」と言いかけてやめたり、「ダンス」と言おうとして「ダン…」と言ってやめたりなど、比較的短時間の間に発話を打ち切ってしまうような現象を「言いさし」と呼んでいるようである。それに対して、本書での「言いさし」は、「言い切り」に対する意味で使われており、主節を欠いた統語的に不完全な文による発話をもっぱら指している。内容的には完全な「文」と同等の完結性を持った発話ばかりが対象となるので、「言いさし」という用語に違和感を持たれる読者もあるかもしれないが、文法的な捉え方として了解されたい。

序　章　「言いさし文」の概要

萃は涙声で言った。またか、と私は思った。

(吉本ばなな『N・P』p.166)

(1)はケド節、(2)はカラ節、(3)はシ節、(4)はテ形節で終結した文である。[2]

　このような表現のおもしろいところは、主節を欠いているので統語的単位としての「文」としては一見不完全であるように見える(そのため「言いさし」と呼ばれる)にもかかわらず、少なくとも意味的には完全な「文」と同等の完結性を有しているという点である。

　実際、日本語でこのように「言いさし文」になる場合でも、他言語で対応する表現を調べてみると、何の接続表現も伴わないことが多いようである。たとえば、(1)は、英語の対訳では次の(1')のようになっている。日本語ではケド節の「言いさし文」になっているのに対して英語ではケドに相当する表現がない。

(1') **MAI**　Dance experience?

　　　SUGIYAMA　I'm an absolute beginner ϕ.

(周防正行『Shall we ダンス？』p.22)

　逆に、英語から日本語への翻訳を調べてみると、英語の原文で何の接続表現も伴わない文であっても、日本語にするときには「言いさし文」にしたほうが座りが良くなる場合が多い。次の例文をご覧頂きたい。

(5) LAZLO: No, Ilza, I won't let you stay here. You must get to America.　ϕ
　　　　Believe me, somehow I will get out and join you.

(5') ラズロ：だめだよ、イルザ。君をここにとどめておくわけにはいか

---

[2] シ節やある種のテ形節などを従属節とは区別して並列節と考える立場もあるが、ここでは、宮島・仁田(編)(1995:390-393)、野田ほか(2002:65-73)などに倣い、並列節も従属節の一種であるという立場をとる。

　　　　　ない。君はアメリカに行かなきゃ。どうにか抜け出して君
　　　　　のところに行く<u>から</u>、絶対に。
　　　　　　((5)(5')とも、鈴木美幸(訳)『カサブランカ』pp.136-137)

　また、「言いさし文」が「言い切り」の文と同等の完結性を有しているという直観は、辞書の記述の上にも反映している。多くの国語辞典では、上の文のような接続助詞の用法を終助詞的な用法、ないしは、終助詞としての用法として、本来の接続助詞としての用法とは別の項目を立て、意味を記述している。[3]

(6) のに：(終助詞)予想に反した意外な気持や期待外れの不満を表わす。相手への恨み、非難・詰問に転ずることもある。「君も来ればよかった<u>のに</u>」　　　　　　　　　　　　　　　　(『国語大辞典 言泉』)
(7) けれども：(終助詞)あとを言いさしにしたような形で、えんきょくに述べる気持を表わす。「それはよく分かっているんです<u>けれども</u>」　　　　　　　　　　　　　　　　(『新明解国語辞典(第四版)』)
(8) から：〔終助詞的に用いて〕相手に言いわたして、反応を求めるのに用いる。「ただではおかない<u>から</u>」
　　　　　　　　　　　　　　　　(『三省堂現代国語辞典(初版)』)
(9) し：ふくみをもたせ、ひかえめに言う。「そうばかりは言ってはいられない<u>し</u>ね」〔終助詞的な用法〕(『三省堂現代国語辞典(初版)』)

　従属節による「言いさし文」が主節を伴わない不完全な文であるというのは文レベルでの見方である。主題や接続詞などと同様に、従属節も談話レベルで捉え直して初めて歪みのない姿で把握することができるのではないか。

---

[3] ただし、テ形に関しては、「て」が連用形に接続する接続助詞であるためか、(4)のような「言いさし文」の用法があるにもかかわらず、「て」に終助詞的な用法があるとする記述は見られない。

本書では、「言いさし文」の談話における働きを観察することを通して、統語的には「文未満」であるはずの表現が具体的な発話場面においては終止形などによる「言い切り」の文と同等の内容と完結性を備えた発話として機能していることを論じる。

　これまでの研究では、個別の従属節について終助詞的な用法の意味・機能を記述した研究はあったが、従属節で終結する文全般について包括的・体系的に記述した研究は、管見の限りでは、見当たらない。[4]

　本書で明らかにしたいことを整理すると、次のとおりである。

① 「言いさし文」が独立文と同等の完結性を持つのはなぜか。
② 「言いさし文」はどのような機能を持つか。
③ 日本語の文法体系の中で従属節をどのように位置づけたらよいか。

2. 本書の立場

　「言いさし文」の文法的位置づけに関しては、大まかに言って、次の3つの立場がある。

① 「言いさし文」を「完全文」に還元して説明する立場
② 「言いさし文」を「完全文」とは別立てで説明する立場
③ 「言いさし文」と「完全文」を統一的に説明する立場

　従来、一般に見られた立場は、①である。従属節は主節に従属し主節に前接するはずだという伝統的・規範的な文法論に立った場合、「言いさし文」は、不完全な文であるから、本来あるべき主節が省略されているという説明になる。

　たとえば、益岡・田窪(1992:172)は、「従属節だけを述べれば、結論が推

---

[4] 唯一の例外として許(2000)を挙げることができる。しかし、個々の従属節についての記述は、引用助詞についての記述など一部を除いては先行研究の知見の域を大きく出ない。

測できる場合、主節を省略できる」として、次のような例を挙げている。

(10) 田中ですけど(山田君いますか)。
(11) 私はここにいますから(用があったら呼んでください)。
(12) 君も行けば(どうですか)。
(13) 行かなくては(いけない)。

①の立場では、「言いさし文」は複文の研究の中に周辺的に位置づけられるにすぎない。これまでの研究で「言いさし文」それ自体を研究対象にしたものは少ないと思われるが、それは、「言いさし文」が周辺的な構文として片づけられているためだと考えられる。

②は、国立国語研究所(1960)や高橋(1993)に代表される立場である。「言いさし文」の完結性と独自の意味・用法に着目する点で①と異なるが、その反面、「言いさし文」が特殊視されており、「言いさし文」と「完全文」における従属節との連続性が見えにくい。

また、独立文の文末形式との同質性を追求する結果として、終助詞を始めとする文末表現との類似性に関心が偏り、接続助詞から終助詞への変化といった品詞論あるいは新しい文末形式の誕生といった説明へと議論が矮小化する傾向がある。

このような見方は、必ずしも一般的とは言えないが、かなり前からあり、たとえば、国立国語研究所(1960:62-63)は、半世紀近く前に、文の認定をめぐっての議論の中で、次のような接続助詞による終止を「言いさしの省略」とは考えず、「文を構成している」と判断していた。

(14) お勤めの方なんて、夜じゃなきゃ、いらっしゃれない<u>し</u>ねー。
(15) ないときはしようがない<u>けど</u>。

そして、これらを一人前の文と認定する理由として、次の2点を挙げている。

(16) a. 陳述を負う述語が、すでにそこには存在するから。
   b. 社会習慣としての終止のかたちを、話しことばでは、このへんまでひろげてよいものだと考えたため。

　比較的最近では、高橋(1993)が「はなしことばにおける、省略によってうまれた、のべかけかたの諸形式」(p.20)として、接続助詞(高橋の用語では接続助辞)で終わる文を論じている。接続助辞が終助辞化したものと位置づけ、「こういう転成は、従属節の述語から、文の述語へという機能の変化の結果として生じたものであるという認識が必要である」(p.23)と結論づけている。
　③は、南(1993)に代表される立場である。南(1993)の述語句的構造(いわゆる従属節と主節の両方を指す)の分析は、「完全文」における従属節と「言いさし文」における従属節を統一的に説明しようとした試みとして高く評価できる。
　南(1993:220)は、いわゆる主節を「言い切り的な形」、いわゆる従属節を「接続的な形」とした上で、次のように述べて、「言いさし文」がむしろ言い切り的な形であることを示唆している。

　　「言い切り的な形」と「接続的な形」としたのは、はっきりと前者が言い切りの時だけ、後者が接続的な場合だけというふうに区別できない場合があるからである。接続助詞が文末で終助詞的に使われることがしばしばあることはよく知られている。

　この立場の特徴は、述語句を階層的に捉えることを前提に、述語句という同じスケールの上でいわゆる主節といわゆる従属節を相対的に位置づけたことである。その結果、主節の存在を前提にせずにいわゆる従属節を位置づけることが可能になっている。
　この考え方は、源流を辿れば、三上(1955)までさかのぼる。三上(1955)は、

「～カラ」と「～ガ」の係り結びのしかたを、それぞれ、「～タメニ」と「～ノデ」、「～クセニ」と「～ノニ」、と比較して、「～カラ」「～ガ」と主節との継目は「割れやすい継目だ」(p.274)という示唆的な指摘をしている。「割れやすい」とは、続く形でありながらそこで一旦切れているということであり、その洞察力に感嘆する。

本書は、③の立場をとる。

従来の文法研究(①や②の立場)は、文レベルでの「構文論」に偏りがちだったために「言いさし文」が周辺的ないし特殊な構文として位置づけられていた。その一方で、「言いさし文」の独立性に着目した研究のほうにも、独立文における従属節の機能をも統一的に説明するビジョンに欠けていた。③の立場に立てば、これらの問題を解決することができる。[5]

なお、本書の最終的な目的が「言いさし文」一般の文法的な位置づけであるため、個別の従属節による「言いさし文」を対象にした先行研究については敢えてここでは言及しなかった。具体的な意味・用法の記述は、もちろん、それぞれの従属節の個性を見極めて行わなければならない。本書においても、その作業は議論の過程で行われるし、個々の形式の具体的な記述も本書に期待される貢献の重要な部分である。

3. 言いさし文の類型

形式上、主節を伴わずに従属節のみで表現される文を広い意味で言いさし文と言うならば、広義の言いさし文は、従属節だけで言いたいことを言い終えているか否かによって、次の2種類に分類される。

(17) a. 言うべき後件を言わずに中途で終わっている文
  b. 従属節だけで言いたいことを言い終わっている文

---

[5] 注4で言及した許(2000)も、この③の立場に立った研究として位置づけることができる。

(17a)は、次のような文である。

(18) 正樹 「今日泊まって行けよ」
　　 慎平 「そうしたいんだけどね(溜め息をつく)」
　　　　　　　　　　　　　　　(鎌田敏夫『男たちによろしく』p.29)
(19) 恵　子　恋愛なんてサ、恥かかないでモノにできるほどナマやさしくないよ。
　　 みのり　わかってるけど……
　　　　　　　　　　　　　　　(内館牧子『ひらり1』p.184)

　(18)(19)において、話し手は、後件を言わずに言葉を濁している。表現されなかった内容は、聞き手の側で見当をつけなければならない。その意味で、文字通りの言いさしであり、内容的に未完結である。これらは、的確に言えば、「言い残し」というのがふさわしい文である。本書では、このタイプの文は考察の対象とはしない。
　本書が対象とするのは、(17b)の方の、「言い終わり」とでも言うべきタイプの文である。「1. 本書の目的」で挙げた(1)～(4)のような文がこれに該当する。こちらも、「言いさし」と呼び習わされているので本書でもこの呼称を採用するが、本来の意味での言いさしでない。「いわゆる～」の意味あいを込めて、括弧つきの「言いさし」で呼ぶ。
　「言い終わり」のタイプの「言いさし文」は、後件に相当する内容、すなわち、従属節の内容と関係づけられるべき内容が文脈上に存在するか否かによって、さらに、「関係づけ」と「言い尽くし」とに分類できる。
　関係づけの「言いさし文」の典型例は、次のようにノニ節で終結した文である。

(20) 永尾 「(苦笑)――お邪魔します」
　　 リカ 「適当に座っちゃって」

>　　　　　永尾、座る——と、テーブルの上に置いてあった作りかけのジクソーパズルを引っ掛けて、引っ繰り返してしまう。
>　永尾　「あ」
>　リカ　「え、あーっ！」
>　永尾　「悪い——」
>　リカ　「あー、後ちょっとで出来上がりだった<u>のに</u>」
>
>　　　　　　　　　　　　　　（柴門ふみ『東京ラブストーリー』p.62）

(20)において欠落している後件を敢えて補うならば、次のようになるだろう。[6]

>(20') 後ちょっとで出来上がりだった<u>のに</u>、引っ繰り返してしまった。

(20')の後続部分には、ほかにも「何すんのよ」「ひどい」など、様々な表現が考えられるが、重要なことは、言語表現として主節が唯一的に復元できることではなく、ノニ節で関係づけられるべき事態が既に文脈上に存在し、どういう事態に対してノニ節の発話が向けられているかが聞き手にとって容易に解釈できることである。

次の(21)におけるカラ節も関係づけの例である。

>(21) 耕作　「美味いッ。」
>　　　ともみ　「おいしいネ」
>　　　耕作　「今日はよく働いた<u>から</u>。」
>　　　ともみ　「お腹空いてると何でもおいしい。」
>　　　耕作　「いや、料理、上手だよ。」
>　　　ともみ　「田舎料理は得意なんや。もともと百姓の娘やから。」

---

[6] 本書では、ノニ節による「関係づけ」の言いさし文において、後件が省略されているとは考えない。そう考えることの妥当性は、後の議論で明らかになる。

(市川森一『夢帰行』p.201)

言うまでもなく、(21)のカラ節は、「(食事が)美味しい」という既定の事態と因果関係で関係づけられている。敢えて主節を補って「完全文」の形で言うならば、次のようになるだろう。

(21') 今日はよく働いたから、おいしいんだ。

一方、言い残しがなく、なおかつ、従属節の内容と関係づけるべき事態が文脈上に見つけられるわけでもない「言いさし文」、すなわち、従属節の内容のみで言いたい内容を言い尽くしている「言い尽くし」の「言いさし文」は、次のようなものである。

(22) こずえ 「ほかにつきあってる女の子いるのかしら？」
　　 響子　 「さあ……あなただけみたいですけど。」
　　 こずえ 「ほんとですか!!」
　　 響子　 「ええ。」
　　　　　　　　　　　（高橋留美子『めぞん一刻[2]』p.188)

(23) 大樹が出て行く
　　 大樹 「行ってきます」
　　 正樹 「うん……」
　　 慎平が自分の部屋から出てきて、
　　 慎平 「おやつ、アイスクリームが冷蔵庫に入ってるからな」
　　 大樹 「うん、行ってきます！」
　　　　　　　　　　　（鎌田敏夫『男たちによろしく』p.69)

(22)(23)では、話し手の言いたい内容は前件のみで言い尽くされている。実際、母語話者であればこの後に続くべき後件を待っている人はいないだろ

う。現に、上の2つの「言いさし文」においては、その直後に相手である聞き手が会話のターンを取っている。この反応を見て「相手の発言の途中に割り込んでいる」と感じる母語話者はいないだろう。

なお、(23)のカラ節と先ほど見た(21)のカラ節との違いに注意されたい。(21)では、既に文脈上に存在している事態に関係づける形でカラ節が使われていたが、ここで見た(23)は、そのような主節に相当する事態は文脈上のどこにも存在しない。

以上、本書の研究対象である「言いさし文」の範囲を明らかにするために、言いさし文の類型を概観した。

まとめると、広い意味での言いさし文には次の3種類のタイプがあることになる。

(24) a. 関係づけ：関係づけられるべき事態が文脈上に存在する文
b. 言い尽くし：関係づけられるべき事態が文脈上に存在しない文
c. 言い残し：言うべき後件を言わずに中途で終わっている文

それぞれのタイプの特徴を整理すると、次のようになる。

言いさし文の類型

	関係づけ	言い尽くし	言い残し
主節の非存在	＋	＋	＋
発話内容の完結性	＋	＋	－
関係づけられるべき事態の文脈上の存否	＋	－	－

このうち、本書が対象とするのは、「言い尽くし」と「関係づけ」のタイプに属する狭義の「言いさし文」である。

4. 本書の構成

　本書は、序論(序章＝本章)、および、3部8章からなる本論という章立てになっている。
　次章からの本論部分は、3部から構成されている。
　第1部(第1章〜第3章)と第2部(第4章〜第6章)においては、次の2つの問題について、それぞれ、「言い尽くし」の場合(第1部)と「関係づけ」の場合(第2部)に分けて、論じる。

① 「言いさし文」が独立文と同等の完結性を持つのはなぜか。
② 「言いさし文」はどのような機能を持つか。

　2つの問題をそれぞれの部ごとに論じるのは、「言い尽くし」と「関係づけ」という下位類型の違いによって①②に対する解決方法が異なり、さらに、同じ下位類型に属する従属節の間にもそれぞれの個性による違いがあるという見通しがあるためである。また、①と②が連動した問題であるためでもある。
　第1部・第2部での議論を受けて、第3部(第7章・第8章)では、より高次の問題である③を考える。

③　日本語の文法体系の中で従属節をどのように位置づけたらよいか。

　ここでは、文法論的な位置づけのみならず、日本語教育における文型の扱い方についても、提言を試みる。

第1部
言い尽くしの「言いさし文」

序章で概観したとおり、従属節で言い終わっている「言いさし文」には、言い尽くしのタイプと関係づけのタイプがある。両者は、完結性が生じる仕組みや談話的な機能がかなり違うという見通しがある。
　そこで、それぞれのタイプごとに、第1部と第2部に分けて、考察する。
　まず、この第1部では、言い尽くしによる「言いさし文」についての考察を行う。
　言い尽くしによる「言いさし文」には、ケド節で言い終わったもの、カラ節で言い終わったもの、タラ節・レバ節で言い終わったもののほか、テ形節で言い終わったものがある。
　第1部の目的は、それぞれの従属節について次の2点を明らかにすることである。

　① 「言いさし文」が独立文と同等の完結性を持つのはなぜか。
　② 「言いさし文」はどのような機能を持つか。

　言い尽くしの「言いさし文」は、第2部で考察する関係づけの「言いさし文」と異なり、従属節の内容と関係づけるべき事態が文脈上に存在しない。話し手が伝えようとする内容は従属節のみで言い尽くされており、その意味で、文字通り、「言い終わり」の文となっている。「言いさし文」を考えるに当たり、まずこのタイプから考察を始める所以である。
　以下、第1章ではケド節による言い尽くしについて、第2章ではカラ節による言い尽くしについて、第3章ではタラ節・レバ節による言い尽くしについて、それぞれシナリオやマンガなどの会話における用例を資料として考察する。
　なお、テ形節による言い尽くしについては、議論の便宜上、第2部第6章において関係づけのテ形節とともに論じることにする。

― 第1章 ―

ケド節による言い尽くし

1. はじめに

　日本語のくだけた談話(特に話し言葉)においては、次のようにケド節で言い終わる文がしばしば観察される。

(1) 　　　［早苗が入ってくる］
　　　早苗「失礼します。会議が、もう始まるそうです<u>けど</u>……」
　　　正樹「え？(と、時計を見る)あ……(忘れていたのだ)」
　　　　　　　　　　　　　(鎌田敏夫『男たちによろしく』p.45)
(2) そのとき私が聞かれたのは、「小津の映画をどう思うか」ということだったのです。私が「小津安二郎は日本を代表する映画作家だと思いますけれど」と答えると、「僕はそう思わないね、キャメラを動かさずにパンもしなければ、移動もしない。黒澤明のようにもっとダイナミックに映画という機能を使えばいいのに、あいつは全部の機能を封じている、あんなのが映画かね」というのです。
　　　　　　　　　　(篠田正浩『日本語の語法で撮りたい』p.73)

　このようなケド節は、いわゆる「言いさし」の一種とされ、後続するべき主節が省略あるいは言わずにおかれたものとみなされることが多い。[1] さもなければ、終助詞として(あるいは「終助詞的に」)使われているという説明

---

[1] たとえば、益岡・田窪(1992:172)、森田(1989:410)。

を受けることが常である。[2]

　わたくしは、このようなケド節は「言いさし」でも接続助詞の終助詞化したものでもなく、従属節による文の「言い終わり」の形の一つだと考える。

　(1)では、表記上は「けど……」となっており、あたかも「言い残し」があるかのような印象を与えるが、実際は、「言い残し」はまったくない。すなわち、話し手の「早苗」が聞き手に伝えたかった内容は、「会議がもう始まるそうだ」ということに限られており、「～してください」とか「～ですか」とか、後件で言いたいことを言わずに言葉を濁していると考えなければならない理由はまったくない。かと言って、後件に相当する内容が文脈上に存在するのでもない。「早苗」は、「けど」という形で言いたいことを言い尽くしているのである。

　本章では、ケド節による言い尽くしの「言いさし文」を考察対象にして、従属節による「言い終わり」の仕組みの一端を明らかにする。談話上に生じる位置の違いによって生じるいくつかのタイプの用法を記述して、「言い尽くし」のケド節の完結性の由来とその談話機能を明らかしたい。

　「完全文」の構成要素としてのケド節ではなく、「言いさし文」の用法ばかりを重点的に観察することによって、ケド節それ自体が本来的に持っている機能を浮かび上がらせようというのが本章の狙いである。

　なお、「けど」のほかに、「けれど」「けれども」という形があるが、これらは「けど」の変異体(variant)と考え、「けど」と同等に考察の対象とする。また、必要に応じて「が」も考察の対象に入れる。その場合、「けど」と「が」の違いは捨象して考える。

2.　「言い尽くし」のケド節の類型

　「言い尽くし」のケド節の典型的な用法は、(1)や(2)のような終助詞的な用法であるが、それに限られるわけではなく、次の例のように、「終助詞的」

---

[2] たとえば、国立国語研究所(1951:49-50)、高橋(1993:23)。

というよりはむしろ「倒置」と見紛うものもある。

 （3）響子 「なんで学生服なんて、持ってるんです？」
   五代 「はあ…予備校の入学式に着てけってばあちゃんが送ってきたんですよねー、結局着なかった<u>けど</u>。」
           （高橋留美子『めぞん一刻⑤』p.178）

この文が単なる「倒置」でないことは、ケド節を主節とおぼしき節の前の位置に戻しても、うまく文意が繋がらないことから、明らかである。[3]

 （3'）??結局着なかった<u>けど</u>、ばあちゃんが送ってきたんですよねー。

「倒置」でないとすると、後件が「省略」されているという見方はできない。しかし、後件相当の内容が文脈上にあるわけでもなく、また、「言い残し」があるとも感じられない。だとすると、(3)のようなケド節も言い尽くしの「言いさし文」だということになる。
 また、次のように文中に挿入的に用いられる節も、先の基準に照らし合わせると、「言い尽くし」の用法と考えられる。

 （4）そうしているうちに、いつの間にか中学で一番か二番ぐらいになるまで速くなっていたのです。長距離をやって、マラソン──いまのフルマラソンではないです<u>が</u>──をやっても、いつも校庭を出て最初に戻ってくるのは私だったのです。
          （篠田正浩『日本語の語法で撮りたい』p.41）

---

[3] 福田（1994:40-46）も、このようなケド節が倒置とは言えないと述べている。しかし、終助詞的な用法とは区別され、終助詞的用法の方に主たる関心のある彼女にとっては、周辺的な用法に位置づけられている。

このように、「言い尽くし」のケド節は、生じる位置の違いによって、少なくとも次の3種類の用法に分類することができる。
　　① 　終助詞的な用法（例：（1）（2））
　　② 　倒置的な用法（例：（3））
　　③ 　挿入的な用法（例：（4））

　これら3つの用法は、後で詳しく見るように、意味・機能にかなりの違いがあるように見える。しかし、わたくしの見るところ、この違いは、生じる位置の違いによる派生的なものであって、本来的な機能はみな同じである。3つの用法が、すべて、わたくしの言うところの「言い尽くし」の用法と認定できることも、偶然ではないと考える。
　ケド節に関するこれまでの研究においても、上の3つの個々の用法について、指摘・記述は行われているが、3者の現象的な違いに目を奪われて、すべてを統一的に説明しようとする試みは、わたくしの知る限り、見当たらない。[4]
　以下の節では、ケド節の機能について、それぞれの用法に分け入って詳しく考察することにする。3つの用法すべてを見渡すことによって、個々の用法についても、見えてくるものがあるはずである。

3.　倒置的な用法

　言い尽くしのケド節の3つの用法のうち、倒置的な用法から考えて行くことが、ケド節の「言い終わり」性を考える上で有効だろう。
　繰り返しになるが、倒置的な用法は、本当の倒置の用法とは異なる。本当の倒置の用法とは、次のようなものを言う。

　　（5）　五代　「もうきみとは付き合えない！」
　　　　　こずえ　「……」

---

[4] 福田（1994）は、3つの用法すべてについて考察しているが、終助詞的な用法と、倒置的な用法・挿入的な用法を別のものとして扱っており、3者を統一的に論じる観点に欠ける。

3. 倒置的な用法

  五代 「ぼくには、好きな女(ひと)がいるんだ。
     きみには本当に申しわけない<u>けれど</u>…」
           （高橋留美子『めぞん一刻⑮』p.15）

(5)は、構文的には、(5')から派生したものとして説明できる。

  (5') きみには本当に申しわけない<u>けれど</u>、ぼくには、好きな女がいるんだ。

(5')の後件が省略されたものが(5)のケド節だと言える。[5] これは、真の意味での「言い尽くし」ではない。
 倒置的ではあるが「言い尽くし」であるようなケド節とは、次のようなものである。

  (6) 響子 「あの……あたしが運転していいかしら。」
    三鷹・五代 「えっ!!」
    郁子 「なーんだ、おばさま免許証持ってきてたの。」
    響子 「ええ一応……まさか使うことになるとは思わなかった<u>けど</u>。」
          （高橋留美子『めぞん一刻②』p.60）
  (7) 根　本 お前はゆき…女房[注：洋一の妻]に関心あるのか。
    洋　一 ……ないな。……だからって不倫したりする気もない<u>けど</u>な。
          （内館牧子『ひらり1』p.196）
  (8) 銀　次 下町だってもうニューヨークと区別がつかねえもんな。
      行ったことねえ<u>けど</u>よ、ニューヨーク。
          （内館牧子『ひらり1』p.116）

---

[5] 倒置構文を「省略」の関わったものと考える見方については、宮地(1984)を参照のこと。

第1章　ケド節による言い尽くし

(9)　こずえ　「五代さんね……」
　　　響子　　「はい？」
　　　こずえ　「あたしの初恋の人にそっくりなんですよ。」
　　　響子　　「まあ!!」
　　　こずえ　「あたしが一方的に憧れてただけなんだけど。」

　　　　　　　　　　　　　　　（高橋留美子『めぞん一刻②』p.193）

　前述したように、このようなケド節は、統語的には先行の文を後件とする倒置構文のように見えるが、「倒置」から元の文に戻そうとしても、戻しにくい。ケド節が、いわば、別個の独立した文のように振る舞っているわけである。

　このようなケド節は、先行の文で話し手自身が言ったことを補正する機能を持つ。もっと言えば、先行する文から聞き手が導き出すかもしれない含意（implicature）をキャンセルするために、但し書き的に付加される。[6]

　(6)を引き合いに出して説明しよう。直前の文で、話し手(=「響子」)は、自分が免許証を持ってきたことを明らかにする。しかし、そのことは、「自分も運転するつもりで持ってきた」ということを含意する可能性がある。そのように聞き手に受け取られることは話し手の本意ではないから、それに気づいた話し手は、その含意をケド節を使って打ち消した、というわけである。

　倒置的な(6)と、本当の倒置構文である(5)と比較してみると、「但し書き」的に付加されている点では似ているが、先行する文にある種の訂正を加えているか否かが異なる。(5)では、前言の補足にすぎないが、(6)では、補正というにふさわしい言い直しが行われている。言ってみれば、先行する文とケド節とでは、言っている内容が微妙にずれるわけで、そう考えると、本当の倒置構文のように元の語順に戻せないのも、道理である。

　前言の補正という発話意図は、時として、ケド節の文頭の接続語句によっ

---

[6] 「含意のキャンセル」という捉え方は、蓮沼昭介氏(個人談話)のご助言に負っている。

て明示される。その例が(7)である。「だからって」という接続語句は、「だからと言って」の縮約形であり、文末の否定表現と呼応して、当該の発話が先行する発話の含意をキャンセルするためのものであることを明示している。類似の働きをする表現としては、「かと言って(〜ない)」「と言っても(〜ない)」「もっとも(〜ない)」「でも」などの表現がある。これらの接続語句が文頭に来得ることから考えても、この種のケド節は、先行する文に倒置的に係るのではなく、別個の文として独立して発話されたものであることがわかる。

　このことは、後接する主節がなくても、ケド節それ自体に聞き手の認識状態の改変を促すような参照情報を提示する機能があることを示唆する。上の例の場合は、話し手が、先行する文を言い切ってしまったあとで誤解の可能性に気づき、参照情報を提示して聞き手の側での解釈に制限を課していると考えられる。

　このように、「倒置」と似て非なるケド節は、前言の補正のために先行する文から独立して発話される別個の文であるので、場合によっては、前言とは逆の趣旨と取れるような文になることさえある。

(10) 三鷹の叔父　「(見合い写真を見せながら)どうだ。なかなかの美人じゃないか。」
　　　一の瀬　「へー、若くてかわいーじゃない。ちょっとトロそうだけど。」
　　　響子　「一の瀬さん、失礼じゃありませんか。」
　　　　　　　　　　　　　　　　　　　(高橋留美子『めぞん一刻⑩』p.120)

(11) **ひらり**　お母さん、よくお父さんと外食する気になったよね。
　　　みのり　そりゃお父さんだって同じよ。でもサ、親方のご招待じゃ断れないもん
　　　ひらり　たまにさそってくれると、夫婦円満でいいよね。ま、こっちも夕食作るのは疲れるけどサ。
　　　　　　　　　　　　　　　　　　　(内館牧子『ひらり1』p.168)

(10)では、「一の瀬」は、見合い写真の主のことを、先行文では、誉めておきながら、ケド節では、一転して貶(けな)している。また、(11)でも、「ひらり」は、両親が外食して留守であることについて、先行文ではプラスに評価しているのに、ケド節ではマイナス面を挙げている。

　ここで注目すべきことは、「完全文」(「S_1 ケド S_2」という形の文)におけるケド節の使い方との違いである。確かに「完全文」においても、前件と後件に対立するような内容が来る場合(＝「逆接」用法)はあるが、その場合でも、文全体の主張は一貫している。すなわち、前件と後件は対等なのではなく、後件の方が文全体で言おうとする主張なのである。

　次の2文を比較されたい。

　　(12) a.　あの店、おいしいね。ちょっと高いけど(ね)。
　　　　 b.　あの店、ちょっと高いけど、おいしいね。

bは、結局、その店を良く評価しているが、aは、そう単純な意味ではない(2文目の前に「まあ」などの間投詞を置いたり、文末に「ね」のような終助詞を置くと、さらにその傾向が強まる)。aの文の含意は、次のcの意味に近いことがある。

　　(12) c.　あの店、おいしいね。でも、ちょっと高いね。

　この違いは、ケド節に単独で(つまり「主節」の存在の有無にかかわらず)参照情報を提示する機能を認めることで合理的に説明できる。すなわち、(12a)では、第1文から聞き手が汲み取るであろう含意(話し手がその店を無条件で誉めているということ)を、ケド節で参照情報を提示することによって、キャンセルしているわけである。それに対して、(12b)では、話し手は、あらかじめ参照情報を提示した上で、その店を誉めている。すなわち、手放しではなく条件つきで、しかし、結局誉めている。

2文の意味の違いは、どの段階で参照情報を提示するかの違いであり、参照情報を提示されることによって聞き手側の認識状態に改変がもたらされるか否かの違いである。

　なお、倒置的なケド節の機能を、「前言の補正」ないしは「但し書き」という、より具体的なものにせずに、「参照情報の提示」という抽象的なものに見定めたことには意味がある。4. と5. で見るように、言い尽くしのケド節は、「但し書き」的なものに限られない。ここで見た倒置的な用法の場合は、たまたま、補正されるべき文の後にケド節による参照情報の提示が行われるために「但し書き」的な用法として解釈されただけである。このことは、後の議論、とりわけ「言いさし」用法について論じるときに、再確認されるだろう。

4. 挿入的な用法

　ケド節に挿入的な用法があることは、半世紀以上前に国立国語研究所 (1951:48) が次のような用例つきで指摘している。

> (13) さうすると、突如として陛下は、日本人は(或いは日本民族はとおっしゃったのかも知れぬが、その辺はよく憶えない<u>けれども</u>)南方から来たといふぢゃないかね、といふ様なお言葉があった。

同書の説明によると、例文の傍線部は接続助詞であり、これは「補充的挿入を表わす」(p.48)という。

　しかし、その一方で、同書は、次のようなケド節は、終助詞としての用法の方に分類している。

> (14)「口に出せないで、きっと達ちゃんは、悩んでゐると思ひますわ。お気の毒に」「でも仕方ないんですもの。気にはしてます<u>けど</u>」
>
> 　　　　　　　　　　　　　　　　　　　（国立国語研究所 1951:50）

第1章　ケド節による言い尽くし

　わたくしは、(13)も(14)も、後件がない言い尽くしのケド節であるという点では同じであると考える。一方を「接続助詞」、他方を「終助詞」として文法的に区別する根拠はまったくない。
　類例を挙げよう。

(15) 確かに有名中学、有名高校というのもけっこういいところがあるんですよね、わりかた楽しいところがありますし。ところが、うまいこといけばうまいんですけど——あたりまえの話ですけど。(笑)やっぱりうまくいかないことがあるんですよね、それは人さまざまで。
(森毅「ものぐさ教育のすすめ」p.94)
(16) そうしているうちに、いつの間にか中学で一番か二番になるまで速くなっていたのです。長距離をやって、マラソン——いまのフルマラソンではないですが——をやっても、いつも校庭を出て最初に戻ってくるのは私だったのです。　　　　　　(=(4))

　このような挿入的なケド節も、言ってみれば、3.で見たような「但し書き」の機能を担っている。
　しかし、倒置的なケド節と比べると、挿入的なケド節は、生じる位置が自由である。倒置的なケド節は、補足ないしは補正されるべき文の直後に発話される(だから倒置構文と見紛う)が、挿入的なケド節は、補足(補正)が必要だと思われた段階で、補足(補正)されるべき語句の直後に、自由に生じることができる。たとえば、上の(15)では、ほかのケド節を補足しているし、(16)に至っては、「マラソン」という名詞を補足している。
　こうなると、もはや、ケド節に続く主節は何かと考えることはまったくナンセンスであり、話し手は、「但し書き」を入れたくなった箇所でケド節をはさみ、参照情報の提示を行っているのだ、と考えるのが自然だろう。挿入節の用法こそ、ケド節には、主節を伴わなくてもそれ自体に参照情報を提示する機能があることを物語っている。

5. 終助詞的な用法

　以上の議論を踏まえれば、終助詞的な用法が、「言いさし」ではなく、「言い終わり」であるということは、比較的容易に理解できるだろう。

　議論に入る前に、用例を追加しておこう。

(17) 美千子　「ありがとうございました」
　　　医者　「風邪の一種だと思いますけど……」
　　　美千子　「そうですか……」
　　　医者　「解熱剤を打っておきましたから、もしこれ以上ひどくなるようでしたら、連絡してください」

　　　　　　　　　　　　　　　（鎌田敏夫『男たちによろしく』p.132）

(18) 響子　「あの…三鷹さん私…アパートに電話したいんですけど。」
　　　三鷹　「は？　どうしてですか？　子供じゃあるまいし。」
　　　響子　「と、とにかくみんな心配してると思うので…」
　　　三鷹　「はあ…」

　　　　　　　　　　　　　　　（高橋留美子『めぞん一刻13』p.82）

(19) 信吾　「福島から、電話なかったか？」
　　　香織　「なかったけど」
　　　信吾　「そうか」

　　　　　　　　　　　　　　　（山田太一『想い出づくり』p.185）

　このタイプのケド節については、これまでにも、しばしば文法的な議論の俎上に上がってきた。論者の大半はこの種の表現のニュアンスの記述に関心があり、共通して指摘していることをまとめれば、このようなケド節で言い終わると、聞き手に対して柔らかく持ちかけるような表現効果が生じるということである。[7]

---

[7] たとえば、国立国語研究所(1951:49)、森田(1989:410)、神尾(1990:56-7)、益岡・田窪(1992:206)、南(1993:220)。

たしかに、「けど」が付かない言い切りの形と比較すると、より遠慮がちに持ちかけている感じがするし、また、「〜から」「〜よ」といった、ほかの文末表現と比較しても、柔らかい感じがする。

(18') 響子「あの…三鷹さん私…アパートに電話したいんですφ。」
(1') 失礼します。会議が、もう始まるそうです{φ／けど／から／よ}」

しかし、なぜ「言いさし」的な表現なのに完結性があるのか、また、なぜそのような表現効果が生じるのか、という疑問に正面から答えようとした試みはほとんどないと言ってよい。

そのような中で、水谷(1989)、福田(1994)、三原(1995)は、問題意識を共有するものとして、検討に値する。

5.1. 「相手に続きを言わせている」のか？

水谷(1989)によると、従属節による「言いさし文」(水谷の言葉で言えば「省略」(leaving unsaid))は、「自分の発話を完全なものとして言い尽くしてしまわずに、相手にその先を言わせようとする(p.56)」ものであり、次のようなやりとりと、原理は同じだと言う。

(20) A：じゃ、そろそろ……
　　 B：でかけましょうか。

（水谷 1989:57）

いわば、歌舞伎の「割りゼリフ」のように二人で共同して1つの文を作るという考え方であり、統語構造上の不完全さを説明できるという点からも都合の良さそうな説明に見える。

しかし、少なくとも、従属節による「言いさし文」に関する限り、この説明は、説得力に欠ける。水谷自身が挙げている例を使って点検してみよう。

(21) 夫：ただいま。
　　 妻：お帰りなさい。
　　 夫：ああ、つかれた。
　　 妻：おふろがわいている<u>けど</u>。
　　 夫：あとではいろう。(IMJ p.208)
(22)（町かどでおみこしを見た知人2人の会話）
　　 A：このごろはなんだか観光目的のお祭りがふえたよう<u>ですけど</u>。
　　 B：ええ、そうですね。神さまよりお金もうけって感じのお祭りも多くなりましたね。(IJI p.49)

（以上、水谷 1989:59）

(21)において、「夫」は、「妻」の発話の省略部分を続けたわけではない。その証拠に、二人の発話を1文にまとめると、意味が変わってしまう。

(21') #おふろがわいている<u>けど</u>、あとではいろう。

(22)についても同様なことが言える。

(22') ??このごろはなんだか観光目的のお祭りがふえたよう<u>ですけど</u>、神様よりお金もうけって感じのお祭りも多くなりましたね。

したがって、この説明には、そのまま従うわけにはいかない。

5.2.「相手伺い」か？

　福田(1994)、三原(1995)は、ケド節による「言いさし文」(三原自身は「終助詞的用法」と呼んでいる)についての近年の研究の中では、注目に値する研究である。三原(1995)によると、談話の中でケド節は、次のような基本的な機能を持つという。

第1章　ケド節による言い尽くし

> ケレドモ文が談話の中で使われる場合、聞き手に対し、話し手の意見や願望、また聞き手にとって行動を起こすきっかけとなるような情報を提示し、"どうですか""いかがですか""どうしましょうか"等のニュアンスを相手に与える用法で使われることが多い。　　　　　（三原 1995:81）

　発話の意図としては相手に何かをさせようとして言うのであるが、直接働きかけているのではなく、聞き手に「こうなのだが、どうだろうか」と問いかけている、という趣旨であって、もしこれが正しいとすると、非直接的な言語行為という観点から、「柔らかな持ちかけ」というニュアンスが説明できるかもしれない。
　しかし、この説明は、前半部分は良いが、後半部分に問題がある。
　まず、「終助詞的に使われた」ケド節は、必ずしも「相手伺い」ではないという事実がある。

(23) こずえ　「ほかにつきあってる女の子いるのかしら？」
　　　響子　　「さあ…あなただけみたいですけど。」
　　　こずえ　「ほんとですか!!」
　　　響子　　「ええ。」
　　　　　　　　　　　　　　　（高橋留美子『めぞん一刻[2]』p.188）

(24) みのり　つきあってた頃は話があったんでしょ？
　　　ゆき子　あった……。会えるのが嬉しかったし、黙っていても楽しかったし。……あの頃はやっぱりお互いに何とか好かれようと思ってたからよね。
　　　みのり　私、今だってお父さん、結構ステキな部類だと思うけどな。
　　　　　　　　　　　　　　　　（内館牧子『ひらり 1』p.204）

(25) のぶ代　「どうしてた？」
　　　久美子　「ま、どうってことないけど」
　　　のぶ代　「気になってたの」

久美子「気にって？」
　　　のぶ代「ううん。ただ、どうしてるかなあ、と思って」
　　　　　　　　　　　　　　　（山田太一『想い出づくり』p.99）
（26）信吾「福島から、電話なかったか？」
　　　香織「なかった<u>けど</u>」
　　　信吾「そうか」
　　　　　　　　　　　　　　　（山田太一『想い出づくり』p.185）

　（23）〜（26）は、たしかに、ケド節で言い終わることによって相手に会話のターンを渡している感じはするけれども、だからと言って、「それがどうかしましたか？」とか「あなたはそう思わない？」といったような「相手伺い」の気持ちがこめられたものだとは考えにくい。（25）についても、イントネーションによっては（上昇イントネーションならば）、「相手伺い」の意味に解釈されうるが、それは、必ずそうなるというわけではない。[8]

　要するに、「情報を提示する」ということと「聞き手に尋ねる」ということを切り離して考えずに、後者をも（をこそ？）基本的な機能と考えたことにより本質を見失っている。

5.3. 「参照情報の提示」という機能

　しかしながら、三原（1995）の議論のうち、ケド節が「聞き手がその行為を行うための判断材料となるような情報を提示する」（p.82、傍点は白川）という認識は、共有できるものである。[9]

　白川（1995b）は、理由を表さない「から」の用法について論じ、「S_1 カラ

---

[8] イントネーションの重要性については、土井真美氏・長谷川ユリ氏（それぞれ個人談話）から助言を受けた。

[9] 終助詞的な「けど」の機能についての福田（1994）および三原（1995）の説明は、本文中に言及はないものの、白川（1993）を参考にしているものと思われる。実際、福田（1994）の巻末の参考文献には、白川（1993）が挙げられている。

S_2」において「S_1は、S_2を聞き手が実行に移すのを可能にしたり、促進したりする情報として提示される」(p.212)と結論したが、このカラ節の機能は、ここで論じているケド節の機能と部分的に重なる。すなわち、カラ節もケド節も、S_1を「聞き手が何かをするために参考になる情報として提示している」(p.207)という点で共通しているのである。

　ただし、「参考情報の提示」の仕方が、カラ節とケド節とで違うことは確かである。たとえば、次の2文のニュアンスの違いを観察されたい。

　　(27) a.　会議が終わりましたから。
　　　　 b.　会議が終わりましたけど。

(27a)には「だから、〜してください／〜しないでください／〜しませんか／…」といった、相手に何かをさせようとする意図が感じられるが、(27b)にはそれが感じられない。それこそ、参考情報として提示しているだけである。
　この違いは、何に起因するのか。
　カラ節にまつわる「相手に何かをさせようとする意図」は、カラ文の背後に条件文があると考えることによって説明できる。すなわち、(27a)を発話した背後には、前提として、(28)のような条件文があると考える。[10]

　　(28) 会議が終わったら、会議室の鍵を閉める。
　　　　　　　　　　　次の会議を始める。
　　　　　　　　　　　一緒に帰る。
　　　　　　　　　　　会議の話はしない。
　　　　　　　　　　　………

話し手は、(28)の前件が満たされたことを根拠にして、(28)の後件の実現

---

[10] 詳しい議論については、第2章を参照のこと。

を暗に求める、というわけである。

それに対して、ケド節には、このような前提がない。そのため、話し手は、ケド節を使って積極的に相手に何らかの行為を求めることはできない。しかし、条件を提示することによって、その条件下での帰結を相手に考えさせるという、消極的な働きかけはできる。

つまり、言い尽くしのケド節とカラ節との意味の違いは、背後にある暗黙の前提によって帰結が含意されるか否かの違いに帰せられる。

さらに付け加えるならば、カラ節とケド節とは、聞き手の知識の状態についての話し手の側の想定(査定)も異なるようである。カラ節の場合は、節の内容について聞き手が知らないと想定していることが多い(だから、しばしば終助詞の「よ」と近似した意味になる)が、ケド節の場合は、相手の知識に関してはまったく中立的であって、相手が知っていることを承知していても使うことが多い。[11]

ケド節による「言いさし文」の遠慮がちなニュアンスは、このことも影響しているのではないかと思われる。

6. ケド節による「言いさし文」の機能

冒頭の例に戻ろう。

 (29)　　［早苗が入ってくる］
   早苗「失礼します。会議が、もう始まるそうです**けど**……」

---

[11]「相手の知識の状態についての想定(査定)」という考え方は、蓮沼昭子氏(個人談話)のご助言による。
　なお、三原(1995:84)が挙げている次のような「けど」の用法(三原の言葉では「意見求め」)は、このような「けど」の性質をよく表していて興味深い。
　［桜田淳子へのインタビュー記事より］
　―ある週刊誌のインタビューで、結婚は単に惚れたはれたでするものではないと発言していましたけど。
　淳子:私、それは最初からそう思っていたんです。(略)

第1章　ケド節による言い尽くし

　　　　　正樹「え？（と、時計を見る）あ……（忘れていたのだ）」
　　　　　　　　　　　　　　　　　　　　　　　　　　　　　　（=(1)）

　(29)においても、話し手は聞き手の認識状況に対して何らかの改変を促すためにケド節によって参照情報を提示していると考えることができる。
　「正樹」は、会議が始まる時間になっているにもかかわらず、それを忘れて仕事を続けている。「会議が始まる」という認識が一時的にせよ欠如しているという状況がこの場合における改変すべき聞き手の認識状況である。話し手にケド節の内容を持ちかけられることによって、聞き手は認識を改め、その結果として仕事を中断して会議に出席するというわけである。
　もちろん、「けど」なしの次のような「言い切り」の文を発話することによっても、結果的に聞き手の認識を改めることはできる。

　　　(29')「失礼します。会議が、もう始まるそうですϕ。」

(29)と(29')の違いは、(29)では、聞き手に認識を改めさせようとしてその情報を持ちかけているということが「けど」の付加によって明示的に表されていることである。与えられた情報を前提にした判断は聞き手に委ねられているが、「認識がそれでよいか確認せよ」との話し手の聞き手に対する働きかけの態度が明示されている。そのためにケド節を発話しただけで完結性が生じる。
　次の例は、聞き手の認識の改変に自分の利益が絡んでくるのでやや複雑だが、基本的には同様に解釈できる。

　(30)響子「あの…三鷹さん私…アパートに電話したいんですけど。」
　　　　三鷹「は？　どうしてですか？　子供じゃあるまいし。」
　　　　響子「と、とにかくみんな心配してると思うので…」
　　　　三鷹「はあ…」

(=(18))

「アパートに電話したい」というのは話し手の希望であるから、聞き手としてはそれこそ本人から聞かされるまではまったく認識していないことである。上の会話で「響子」が意図していることは、自分の希望を聞き手が新たに認識して、その結果として、自分の意向に添うように聞き手が振る舞ってもらうことである。

　ケド節で言い終わる発話は、聞き手の認識状態を変えて結果的に何らかの行動を促そうという態度を明示的に示している点で、次のような、ケドを伴わない言い方と異なる。

　　(30')響子「あの…三鷹さん私…アパートに電話したいんです φ 。」

(30')と比べてみるとわかるように、(30)では「ケド」によって「そのことを勘案して次の行動を決めてほしい」という聞き手に対する態度が明示的に表されている。

　次のように、質問文の応答文にも、しばしばケド節による言い尽くしが見られる。「それがどうかしましたか」といった気持ちで聞き手の次なる発話を促すが、これも同様に説明できるだろう。

　　(31)こずえ　「ほかにつきあってる女の子いるのかしら？」
　　　　響子　「さあ…あなただけみたいです<u>けど</u>。」
　　　　こずえ　「ほんとですか!!」
　　　　響子　「ええ。」

(=(23))

　　(32)信吾　「福島から、電話なかったか？」
　　　　香織　「なかった<u>けど</u>」
　　　　信吾　「そうか」

(=(26))

(31)と(32)では、いずれも、直前の相手による質問は何らかの後続行為への布石として理解される。すなわち、自分の知らないことを単に知的好奇心から尋ねているのではなく、質問に対する応答の内容次第で次にとる行動が変わってくるために尋ねている。それを察して、応答する側も、「その件だったら～です。そうだとしたら、どうしますか」といった気持ちで答えているのである。

　三原(1995)によって指摘された「相手伺い」のニュアンスは、以上のような捉え方をすれば説明することができると考えられる。

7.　まとめ

　この章全体を通してわたくしが主張したかったのは、冒頭の(1)に見るようなケド節が、文の途中で言いさしたものではなく、そこで言い終わっている文である、という一点である。言い換えれば、このようなケド節は、主節の「省略」の結果生じたものでもなければ、主節の「言い残し」があるわけでもない。主節なるものが初めからない、ということである。

　このことを主張するために、まず、より納得しやすいケースとして倒置的な用法、挿入的な用法について考察し、そこで得られた結論が、そのまま上のような終助詞的な用法についても当てはまることを確かめた。

　ケド節の談話における機能は、「聞き手に参照情報を提示すること」とした。これはケド節に備わった本来的な機能であり、倒置的な用法や挿入的な用法に見られる「前言の補足(補正)」という意味合いや、終助詞的な用法に見られる「相手伺い」といった意味合いは、この本来的な機能から派生的に生じたものであることが明らかになった。

　また、「参照情報の提示」という点ではカラ節と共通するが、カラ節にはケド節にはない前提があり、その違いが両者のニュアンスの違いを生んでいることを説明した。

　この説明によって「完全文」におけるケド節の用法をも首尾一貫して説明できるということは詳しくは論証していない(3.で簡単には触れた)が、お

そらく大きな変更なしで説明できるものと思われる。少なくとも、「完全文」のケド節の用法の説明を考えてから、それ以外のケド節を説明しようとするよりもアプローチとしては確かであろう。いわゆる「逆接」とそれ以外の意味の関係という問題も含めて、今後に残された課題である。

　また、聞き手に対する「参照情報の提示」をケド節の本来的な機能と結論したが、次のように、聞き手不在発話におけるケド節の場合もある。

　　(33)響子「(心の中で)今の…五代さんの声に似てた<u>けど</u>……そんなはずないわね。」

(高橋留美子『めぞん一刻⑪』p.52)

聞き手めあてでない用法をどう位置づけるかというのは、いずれ解決しなければならない課題である。[12]

---

[12]「提示」だからといって聞き手存在発話を前提に考える必要はないのかもしれない。自分自身の認識状況を改変する、自問自答的な「条件の提示」という可能性もあってもよい。

― 第2章 ―
カラ節による言い尽くし

1. はじめに

　接続助詞の「から」は、普通、理由を表すとされている。[1]　その認識の下に、たとえば日本語の教科書や辞書では、次のような例文が示されている。

　（1）今晩　どこへ　行きますか。
　　　…宿題が　たくさん　ありますから、どこも　行きません。
　　　　　　　　　　　　　　　　　　（『新日本語の基礎Ⅰ』第9課）
　（2）星が出ているから、あすもいい天気でしょう。
　　　　　　　　　　　　　　　　　　（『新明解国語辞典（第四版）』）

　細かく言えば、（1）は行為の理由、（2）は判断の理由という違いがあるが、理由を表すという一点においては、共通している。
　ところが、実際に使われている日本語を観察していると、理由を表しているとは思えない用例にしばしば遭遇する。たとえば、次のような使い方である。

　（3）すまないけど、書斎の机の上に辞書があるから、取ってきてくれ。
　（4）火曜日に返すから、ハンバーガー買うお金、貸してくれよ。
　　　　　　　　　　　　　　　　　　　　（漫画「ポパイ」のウィンピー）

---

[1]「理由」のほかに、「原因」「根拠」が挙げられることもあるが、本書では、これらの間の区別は問題にせず、すべて「理由」という概念で説明できるという立場で話を進める。なお、そのほかに、さらに、「きっかけ」をも挙げる立場もある（たとえば、森田(1980)）が、本書ではこれも「理由」の一種として説明する。詳しくは、4. で論じる。

これらの「から」が理由を表していないという直観は、次のようなテストで客観的に確かめることができる。

　一般に、「S_1 カラ S_2」という文において、S_1 が理由を表しているなら、S_1 は、「どうして」で問う質問文に対する答えになるはずである。たとえば、理由を表していることが直観的にも明らかな(1)(2)については、次のような質疑応答が想定できる。

　　(1') A：今晩どこへ行きますか。
　　　　 B：どこも行きません。
　　　　 A：<u>どうして</u>ですか。
　　　　 B：宿題がたくさんあります<u>から</u>。[2]
　　(2') A：あすもいい天気でしょうね。
　　　　 B：<u>どうして</u>？
　　　　 A：星が出ている<u>から</u>。

ところが、上の(3)(4)については、「どうして」の答えとして S_1 を言うような質疑応答が想定できない。

　　(3') 父　「すまないけど、辞書を取ってきてくれ」
　　　　 娘　「<u>どうして</u>？」
　　　　 父　「#書斎の机の上にある<u>から</u>」
　　(4') ウィンピー　「ハンバーガー買うお金、貸してくれよ。」
　　　　 ポパイ　　　「<u>どうして</u>だい？」
　　　　 ウィンピー　「#火曜日に返す<u>から</u>。」（Cf. 財布を忘れたから。）

---

[2] 理由を尋ねられてカラ節のみで答えると、座りが悪くなることがある（代わりに「からだ」で答えなければならない）。「から」と「からだ」の違いについての詳しい記述は、白川（1994）（→本書第4章）を参照されたい。

興味深いことに、「から」にこのような理由を表さない用法があるという事実は、日本語母語話者には、不思議なこととして感じられないらしく、管見の限りでは、辞書や文法書に特別な記述は見当たらず、[3] そればかりか、外国人に対する日本語の教科書にさえも、「から」を教える例文として普通の「から」と一緒に掲載されている。

たとえば、ある初級の教科書には、「から」を導入する課に、次のような対話が例文として挙げてある。

(5) 先生：これから　じゅぎょうを　はじめます。なまえを　よびます<u>から</u>、へんじを　して　ください。タンさん。
　　タン：はい。
　　先生：アリさん。アリさんは　いませんか。
　　タン：はい、いません。じむしつへ　行きました。

（『初級日本語』10 か）

「から」は理由を表す、と習ったすぐ後で、(5)のような例文を見せられると、外国人学習者は、とまどうのではないか。少なくとも、どのような意味で「から」を使っているのか、よく理解できないのではないかと思われる。

例外的に、Alfonso(1966)が、このような「から」の特異性に気づき、説明を加えていることは注目に値する。Alfonsoによると、次のような「から」は、理由を表していることは確かだけれども、"mild reason" だという。[4]

(6) そこにソースがあります<u>から</u>、自由に取ってください。

（Alfonso 1966:545）

---

[3] 南(1993:236)は、「〜から」について、「多くの場合は、ことがらの成立にかかわるけれども、ときにはそうした意味での原因・理由を示すとはいえない場合もある」として、次のような例文を挙げている。
　イイ子ダカラ、オトナシクシテイラッシャイ。
しかし、それ以上の説明は、していない。

[4] Alfonso(1966:545)。

しかし、やはり、「理由」の一種としている点では一般理解と同じであり、また、"mild"な理由というのもいかにも苦しい説明であって、これでは、このような「から」が何を表しているかは、依然として明らかでない。

そこで、本章では、理由を表さない「から」が、どのように使われて、何を表しているかを明らかにし、不完全である「から」の用法の記述を、より網羅的で精密なものにしたいと思う。

議論の過程で明らかになるが、理由を表さない「から」の用例は、「言いさし文」の形で現れることが非常に多い（→3.2.）。その「言いさし文」の談話機能を突き止めるためにも、回り道のようではあるが、ケド節についての議論と同様に、「完全文」、「倒置文」といったカラ文の文型的なバリエーションを包括的に説明するという方針でカラ節の談話機能を考察することにする。

2. 理由を表さない「から」の様々

筆者の観察によると、理由を表さない「から」は、もっぱら、対話場面で用いられるようである。そこで、テレビドラマのシナリオ7冊およびマンガ3冊（「用例出典」を参照のこと）を対象に、接続助詞「から」の全用例（理由を表すもの・表さないもの、両方）を抜き出す作業を行い、1,170例を収集した。[5]

収集した用例のうち、理由を表さない「から」の用例を検討した結果、談話的な機能によって、次の3種類の用法に分類できることがわかった。[6]

　　(7)　a.　「条件提示」用法

---

[5] S_1の文末に「のだ」「ものだ」が来るものは、「のだから」「ものだから」という表現の特異性を考慮して、対象から外した。「のだから」の特異性については、野田春美(1995)を参照のこと。

[6] 「談話的」というのは、この場合、「情報論的」と言い換えてもよい。「から」について考えるとき、このような情報論的機能の考察の必要性については、森山卓郎氏(個人談話)から示唆を受けた。

b. 「お膳立て」用法
c. 「段取り」用法

　以下では、それぞれの用法について、実例に基づいて「から」の機能を考えてみる。なお、「S_1 カラ S_2」の構文には、「S_1 カラ S_2。」(「完全文」)のほかに、そのバリエーションとして、「S_2、S_1 カラ。」(「倒置文」)、「S_1 カラ。」(「言いさし文」)の2構文があるが、[7] ここでは、説明を単純化するために、まず、「完全文」の用例を使って説明することにする。ほかの2構文については、あとの節で改めて見る。

2.1.　聞き手に条件を提示するもの：「条件提示」用法
　第1のタイプは、「から」が S_1 を条件として聞き手に提示していると解釈されるものである。名づけて、「条件提示」用法という。「から」が条件を表すというのは、奇異な感じがするかもしれないが、まずは、用例を見ていただきたい。

(8)　耕作　「金子さんがサ、今日は、三億しか用意できなかったんだってサ」
　　　英一　「三億？　たった？」
　　　金子　「(土下座せんばかり)本当に申し訳ないッ」
　　　英一　「手付は最低でも一割が常識でしょう」
　　　金子　「明日の正午までには、必ず、必ず、七億揃えておきますか
　　　　　　らッ、それまで、これだけは、ここに預かっておいてくださ
　　　　　　いッ。お願いしますッ」

(市川森一『夢帰行』p.47)

---

[7] ほかにも「S_2 ノハ S_1 カラダ」という構文も考えられるかもしれないが、「ノ」や「ダ」が加わった別の種類の構文と考え、バリエーションの中に含めなかった。

(8)において「から」が理由を表さないことは、「どうして」という問いに対する答えとしてS_1を発話できないことから、明らかである。

(8') 金子 「これだけは、ここに預かっておいてください」
英一 「どうしてだ？」
金子 「#明日の正午までには、必ず、七億揃えておきますから」

それでは、「から」は何を表しているのかというと、S_2に示された依頼を聞き手が聞き届けて実行に移すように仕向ける条件としてS_1を提示していると、考えられる。すなわち、聞き手にとって無条件では聞き入れることに抵抗のあるS_2の依頼内容を、「明日の正午までに必ず7億揃えておく」という条件を提示することによって、抵抗なく（というより、より少ない抵抗感で）実行に移させようとしているわけである。[8]
次のような例も、同様に説明できる。[9]

(9) ●小さな和菓子屋（昼）
良雄 「（幸子の身体をささえるようにして戸をあけ）すいません。ちょっと此処かして下さい（と店の隅の椅子に幸子を掛けさせながら）すいません、お水一杯貰えませんか、ちょっと具合悪

---

[8] 望月(1990)は、次のような「から」について、「因果関係」や「目的」を表す論理的な「から」と区別して、非論理的で補修的な「から」だと指摘している(pp.43-44)。
　① 同窓会がありますから、（そのときに）相談に乗っていただけませんか。
　② ご都合のよいときに伺いますから、相談に乗っていただけませんか。
　③ 5分でいいですから、相談に乗っていただけませんか。
望月氏は、理由節を擬似的に使った、「説得」を成立させるための方略と捉えているが、わたくしは、この考え方には、賛成できない。

[9] 本文に挙げた例以外に、次のような例もこのタイプの延長線上で説明できる例と考えられる。
　① お願いだから／頼むから、もうその話はしないでくれ。
　② いい子だから、おとなしくしていらっしゃい。（注3参照）

　　　　くなったんです」

　幸子　「大丈夫」

　良雄　「薬、バッグ？」

　幸子　「(うなずき)出すわ」

　良雄　「(まだ誰も出て来ないので)すいません。なんか、あとで買いますから、お店にちょっといさせて下さい。お水一杯もらえないでしょうか？」

　　　　　　　　　　　　　　（山田太一『ふぞろいの林檎たち』p.503）

(10)美樹　「あっちもこっちもベタベタするのやめなさいね、みっともないから」

　ひかる　「だって、この間、一枝だって、してたんだもの」

　美樹　「あなたが、一枝の真似をすることないでしょ」

　ひかる　「だって……」

　美樹　「ベタベタしてもいいから、どっちかにしなさい」

　ひかる　「だって……気持ちいいんだもの、男の人ふたりにモテてるのって……」

　　　　　　　　　　　　　　（鎌田敏夫『男女7人秋物語』p.130）

(11)主人　「こっちも本気で教えっからよ」

　繁　「はい」

　主人　「最低二年はつとめろよな」

　繁　「はい、勿論」

　　　　　　　　　　　　　　（山田太一『岸辺のアルバム』p.277）

　このタイプの「から」に共通しているのは、S_2に必ず、命令・禁止・依頼・勧誘など、聞き手に対する何らかの行為要求の表現が来るということである。[10] 勧誘の例としては、たとえば、次のようなものが考えられる。

---

[10] Alfonso(1966:545)も、"mild reason"の「から」の後件は、すべて、勧誘(invitation)・依頼(request)・助言(suggestion)になると述べている。

> (12) わたしも料金を半分払いますから、どこかへ行きませんか。
>
> （水谷 1989:80）

　S_1 は、言ってみれば、聞き手に S_2 を実行に移そうという気を起こさせるための交換条件的なものであって、S_1 がなければ、聞き手が S_2 の要求内容を理解できないという性質のものはない。言い換えれば、S_2 は、それ自体を単独で発話しても意味をなす(実際に聞き手がその気になるかどうかは別として)。これは、のちほど見るほかの2つのタイプの「から」と比べると、特徴的である。[11]

　また、このタイプの「から」は、「だから」に置き換えることによって、2文に分けて表現することができる。たとえば、(8)の「から」は、次のように書き替えても等価である。[12]

> (8″)「明日の正午までには、必ず、必ず、七億揃えておきます。だから、それまで、これだけは、ここに預かっておいてくださいッ。」

これも、ほかの2つのタイプと異なる特徴である。

　以上、聞き手に条件を提示する「から」についての考察した。後々の便宜のために、ここでまとめておこう。

> (13)「条件提示」用法の特徴：
> 　① S_2 には、命令・禁止・依頼・勧誘など、聞き手に何らかの行為をするよう働きかける表現が来る。

---

[11]「交換条件」という言葉は、熊取谷哲夫氏(個人談話)から示唆を得た。

[12] 接続助詞の「から」は理由を表していないのに、2文に書き換えると「だから」が出てくるというのは、興味深い事実である。この事実は、「だから」についても、「理由」を表さない用法があるということを示唆している。「理由」を表さない「だから」については、蓮沼(1991)を参照のこと。

② S_1には、S_2の実行を促進するような条件が示される。
③ S_2だけを単独で発話しても意味をなす。
④ 「から」を「だから」に換えて2文で表現することが可能である。

2.2. 聞き手に前提情報を提示するもの：「お膳立て」用法

　第2のタイプとして挙げるのは、「お膳立て」用法とでも言うべき用法である。この用法においては、S_1は、S_2を聞き手が実行するための前提情報として提示される。

　実例で考えてみよう。(14)は、東京から田舎へ戻るために夜行列車に乗った母親を、目的地で迎えに出てほしいということを、現地にいる相手に電話をかけて頼む場面である。

(14)林田　「お母さん、田舎に引き揚げたんだって？」
　　栄介　「いま見送ってきたとこ。やっと切符が取れて……見てよ、この毛布、ゆうべから上野駅で徹夜だヨ。（[電話が]通じて）あ、モシモシ！東京の村岡ですけど……ハイ、10時30分の汽車に乗せました<u>から</u>、よろしくお願いいたします。」

(市川森一『黄色い涙』p.145)

　(14)において、S_2に示された依頼は、たとえ聞き手の側に受け入れる用意があったとしても、S_1という情報を与えられなければ実行のしようのないものである。そのため、S_2だけを単独で、たとえば、(14')のように発話しても、意味をなさない。

(14')あ、モシモシ！　東京の村岡ですけど……ハイ、母をよろしくお願いします。

「S_1カラ」の部分は、S_2を持ち出すための、いわば、「お膳立て」というわ

45

第2章　カラ節による言い尽くし

けである。

収集した実例から類例を挙げる。

(15) 大樹　「明日でいいよ、パパ」
　　　正樹　「今、探してやる……ママは、いつも、あそこにいれてたな」
　　　大樹　「ぼく、先生に言うよ……健康手帳のしまい場所がわからないので、明日もってきますって」
　　　正樹　「待て。離婚したから、だらしなくなったって言われるのはイヤだからな。今探してやる」
　　　　と、引き出しを掻き回す。
　　　大樹　「学校に遅れるから……行ってきます！」
　　　　と、飛び出していく。
　　　正樹　「今日中に探しておく<u>から</u>、先生にそう言っておけ！」
　　　　と、後を追いかけるように言う。
　　　　　　　　　　　　　　　（鎌田敏夫『男たちによろしく』p.36）

(16) 公平　「（すっかり感情的になり）……俺が世話をやかなきゃ、お前は何一つ自分で出来ないじゃないか。見てられないから世話をやくんだ！」
　　　清次　「どうせ俺は何も出来ないロクでなしだ！」
　　　公平　「そうだ、ロクでなしだ。俺は彼女を連れて行く<u>から</u>そう思え！」
　　　　　　　　　　　　　　　（池端俊策『並木家の人々』p.144）

(17) 則子　「繁が、なにか？」
　　　信彦　「お母さんが、どんな風か見て来いっていったんです」
　　　則子　「そう（ちょっとこみ上げるものがある）」
　　　信彦　「また電話する<u>から</u>、その時教えろって」
　　　　　　　　　　　　　　　（山田太一『岸辺のアルバム』p.286）

(18) 幹事　「えーここが大広間で……宴会は七時からになってます……

宴会のあと、麻雀をする人はこちらをご利用ください。で、非常口はここと向こう。二階にもあります<u>から</u>、必ず確認しておいてください。」

同僚　「ヘーヘーもういいよ。わかったから浴衣に着がえて風呂へ行こうぜ。」

(高井研一郎『総務部総務課喜多六平太[2]』p.127)

このタイプの「から」においても、前に述べた「条件提示」用法と同様、S_2には、命令・禁止・依頼・勧誘などが来る。「条件提示」用法との相違点は、これまで述べたこと以外に、「から」を「だから」に換えて表現できない、ということがある。

たとえば、学校の試験などのときに教師が次のような指示をする。

(19)［英語の試験のときの口頭による指示］
　「これから英語の文章を読みます<u>から</u>、注意して聞いてください」

これを、「だから」を使って2文で言うことはできない。

(19')これから英語の文章を読みます。[#]<u>だから</u>、注意して聞いてください。[13]

もっと言えば、このタイプの用法においては、何か接続表現を使って2文で表現すること自体が難しいようである。強いて挙げるとすれば、「については」というような表現で繋げる例が考えられる程度である。

---

[13] 舩城俊太郎氏(個人談話)ほか何人かの方々から、この文はOKではないか(少なくとも、「だから」を「ですから」に換えれば)という指摘を受けた。筆者の考えでは、この文がOKになる可能性は十分考えられるが、その場合、「理由」の解釈をしているのではないかと思われる。たとえば、(19)ならば、「これから読む文章は英語ですから」という意味で言うならば、確かにOKになる。しかし、そうでない場合は、やはり許容できないだろう。

(20) オーストラリアから高校の日本語教師のアシスタントの求人が来ていますから、希望者がいましたら、学科の事務室まで申し出てください。

(20') オーストラリアから高校の日本語教師のアシスタントの求人が来ています。つきましては、希望者がいましたら、学科の事務室まで申し出てください。

以上をまとめると、次のとおりである。

(21)「お膳立て」用法の特徴：
① S_2 には、命令・禁止・依頼・勧誘など、聞き手に何らかの行為をするよう働きかける表現が来る。
② S_1 には、聞き手が S_2 を実行するために前提となる情報が提示される。
③ S_2 だけを単独で発話しても意味をなさない。
④「から」を「だから」に換えて2文で表現することは不可能である。(接続表現を用いて2文で表現すること自体が難しい。強いて挙げるならば、「ついては」が使えることもあるという程度)

2.3. 予定された筋書きを聞き手に提示するもの：「段取り」用法

最後のタイプは、あらかじめ予定されている「$S_1 \rightarrow S_2$」という筋書きを聞き手に提示するものである。このタイプにおいても、ほかの2つのタイプと同様、S_2 には聞き手に対する命令・禁止・依頼・勧誘などの表現が来る。

したがって、聞き手に対する行為要求を、「段取り」を説明する中で行う、といった表現になる。

これも、実例に即して説明しよう。

(22) 栄介「(前略)飯喰ったら、今夜は早く寝てください。夜明けの四

> 時に、タクシーが迎えにきてくれますから、それに乗って、途中、赤羽駅で彼(章一)を降ろして、そのまま、大宮駅まで、向井さんは僕と来てください」
>
> (市川森一『黄色い涙』p.30)

(22)において、話し手は、翌朝の行動計画(これには聞き手も加わる)について説明している。手筈はすべて話し手の側で整えられており、聞き手は、話し手の言うとおりの手順で実行に移せばよい。「から」の文は、まさに、そのような聞き手が知らない筋書きを説明している。すなわち、「4時にタクシーが来ることになっている」ことを情報として知らせた上で、「タクシーが来たら、それに乗ってください」と指示しているのである。

S_1の内容が聞き手の知らない情報であること、および、S_1を知らなければ、S_2の内容を実行に移せないことは、「お膳立て」用法と共通しているが、[14]「段取り」用法は、「$S_1 \to S_2$」という手順が指示されている点に特徴がある。

このタイプの用法の用例は、比較的数が少ない。わかりやすいものを次に挙げる。

(23) 賢作 「スナックのピョンピョンてェのあるだろ」
　　　のぶ代 「うん。知ってる」
　　　静子 「そこへ[二郎サンハ]入ったの?」
　　　賢作 「(のぶ代へ)行けよ。いま行きゃあ、必ず[二郎ハ]いるよ」
　　　のぶ代 「私が?」
　　　賢作 「行って、知らん顔してコーヒーでものみゃあいいんだよ。向こうは、お前だと分かりゃあカーッとするよ。声かけずにはいらんないよ。もう一回もう一回考え直してくれないか?その

---

[14]「お膳立て」と「段取り」という言葉が、それ自体、同じようなことを指すのではないかという批判もあり得る。筆者自身、最善の命名とは考えていないが、「段取り」の場合は、S_2で指示される動作をも含めて順序が決められている点を捉えてこう名づけた。

　　　　くらいのこと絶対いう<u>から</u>、そうしたらウンて大威張りでいや
　　　　あいいんだよ」
　　　　　　　　　　　　　　　　　　（山田太一『想い出づくり』p.327）
（24）式場での参殿や起立、着席などの指示はすべて式の世話役の典儀
　　　がやってくれます<u>から</u>、参列者はそれに従います。
　　　　　　　　　　　　　　　　　（塩月弥栄子『新冠婚葬祭入門』p.94）

　「S₁カラ」の部分は、いわば、S₂を実行に移すタイミングを指示しているので、全体の段取りを知らない聞き手にとっては、S₂だけを言われても、いつその行為をしたらいいのか、わからない。その意味で、S₂は単独で発話しても、意味をなさない。
　また、「から」を他の接続表現に換えて2文で表現するとしたら、「そうしたら」というような接続表現がぴったりする（(23)の文においては、実際に、「そうしたら」という接続表現が明示されている）。「だから」で繋げることは、できない。

（22'）「夜明けの四時に、タクシーが迎えにきてくれます。<u>そうしたら</u>、
　　　　それに乗って、途中、赤羽駅で彼（章一）を降ろして、……」

以上をまとめると、次のとおりである。

（25）「段取り」用法の特徴：
　　① S₂には、命令・禁止・依頼・勧誘など、聞き手に何らかの行為
　　　　をするよう働きかける表現が来る。
　　② S₁には、聞き手がS₂を実行するタイミングが指示してある。
　　　　すなわち、「S₁が起こったら（実際起こることになっている）、
　　　　S₂の内容を実行に移せ」という指示である。
　　③ S₂だけを単独で発話しても意味をなさない。

④「から」を「だから」に換えて2文で表現することは不可能である。(もし2文にするなら、「そうしたら」などという接続表現)

2.4. まとめ

　この節では、シナリオやマンガから収集した実例をもとに、「S_1 カラ S_2」という形式の文を、談話的な機能によって3つのタイプに分類し、それぞれの用法について、その特徴を調べてきた。改めて3つのタイプを眺め直してみると、次のような共通特徴が浮かび上がる。

(26)理由を表さない「から」の共通特徴：
　①S_2には、必ず、命令・禁止・依頼・勧誘など、聞き手に何らかの行為をするよう働きかける表現が来る。
　②S_1には、聞き手にS_2を実行させることを、ⅰ)可能にする情報(「お膳立て」用法・「段取り」用法)、もしくは、ⅱ)促進する情報(「条件提示」用法)が来る。

3. カラ文のバリエーションと談話的機能

　接続助詞「から」は、「S_1 カラ S_2。」という形式(いわゆる「完全文」)で使われるだけではない。そのほかに、「S_2、S_1 カラ。」という形式(いわゆる「倒置文」)、S_2が表面に現れない「S_1 カラ。」という形式(いわゆる「言いさし文」)でも使われる。それどころか、話し言葉においては、「倒置文」や「言いさし文」の形で使われることの方が多い。理由を表さない「から」がもっぱら話し言葉において使われるとすると、「完全文」以外の文型での「から」の機能を確かめておく必要があるだろう。

　特に、「言いさし文」に関しては、S_2の部分が表面に現れないだけに、「完全文」について得られた一般化から類推的に説明することには、慎重を期さなければならないだろう。

　そこで、この節では、前の節で得られた観察を念頭に置きながら、「倒置

文」、「言いさし文」における「から」の機能について、実例に即して吟味することにする。

3.1. 「倒置文」
3.1.1.「条件提示」用法の場合
このタイプの「倒置文」の用例は、シナリオ、マンガなどによく出てくる。

(27) 運動部の男 「おれ、ここに入社したんです」
　　　良介 「(名刺を見る)日商自動車、鶴見営業所」
　　　運動部の男 「今、車は何をお乗りですか」
　　　良介 「おれは、車持ってないけど……」
　　　運動部の男 「そうですか……車をお求めの時は、ぜひうちでやらせてください……アフターサービスもしっかりしてますから、うちは……よろしくお願いします。よろしくお願いします！」
　　　　　　　　　　　　　(鎌田敏夫『男女7人秋物語』p.195)

(28) 律子の声 「繁」
　　　繁 「(見て)うん？」
　　　律子 「いつまで此処にいるのよ」
　　　繁 「いつまで？」
　　　律子 「お店いいの、ほっといて」
　　　繁 「なるべく傍にいてやれってマスターがいったんだ」
　　　律子 「帰りなさい、明日。こっちは大丈夫だから」
　　　　　　　　　　　　　(山田太一『岸辺のアルバム』p.338)

(29) 五代 「泣かないでください。怒ってませんから」
　　　　　　　　　　　　　(高橋留美子『めぞん一刻②』p.137)

基本的な性質は、「完全文」における「から」と同じだが、いったん S_2 で行為要求をしておいて、その後、S_1 を補足的に追加するために、S_2 の実行

3. カラ文のバリエーションと談話的機能

を促そうとする話し手の態度がより鮮明になる。
　S_2の実行が困難を伴うような文脈では、この表現効果はさらに増す。

(30) 久美子「そういうの、私ダメなの」
　　　典夫　「ダメって——」
　　　久美子「売るんでしょ、なんか——」
　　　典夫　「(ちがうよ、という声で)ウウ(と手で否定しながら一緒に歩く)」
　　　久美子「お金ないし、カセットとか(そういうのに興味がないし、といいかけるのを)」
　　　典夫　「アンケートよ。ぜんぜんぜんぜん(と歩きながら手を振り)ただ、ほんとアンケート」
　　　久美子「そんな(の信じられない)」
　　　典夫　「ほんとよ、ためしに終わりまでつき合ってよ。なんにも売らねえ<u>から</u>」
　　　　　　　　　　　　　　　　　　　(山田太一『想い出づくり』p.3)
(31) 響子「いやいや死なないで。なんでもします<u>から</u>。」
　　　五代「そ、そうですかあ？」
　　　　　　　　　　　　　　　　　　　(高橋留美子『めぞん一刻⑤』p.8)

3.1.2.「お膳立て」用法の場合

　このタイプの実例は、シナリオ・マンガのデータの中には、認められなかった。「倒置文」においては、S_2を一時的にせよ単独で発話することになるので、「お膳立て」用法の性質から言って、言いにくいのであろう。
　代わりに、筆者の身の回りで採取した会話例を挙げておく。

(32)［妻が夫に］「『お尻拭き』取って。後ろにあるから。」(音声資料)

53

これは、乳児のおむつを換えている妻が、夫に向かって彼の背後にある赤ちゃんの「お尻拭き」を取るように依頼する発話である。S_2を発話したあとで、夫には「お尻拭き」がどこにあるかわからない（かもしれない）ことに気づき、前提情報たるS_1を急いで付け加えたのだろう。

3.1.3.「段取り」用法の場合

　このタイプの実例も、収集したデータの中には、認められなかった。原因は、「お膳立て」の場合と同様と考えられる。おそらく、「段取り」用法においては、原理的に「倒置文」を作ることは不可能である。

3.2.　「言いさし文」

　理由を表さない「から」の用例は、収集した実例を見る限り、この「言いさし文」の形で現れるものが、群を抜いて多い。[15]

3.2.1.「条件提示」用法の場合

　「言いさし文」とは言っても、この用法の場合、必ずS_2が先行し、間に会話の進行があってからS_1が提示されるのが特徴である。

　　(33)英一　「(ジロリ)なにしにきたんだヨ」
　　　　耕作　「金、貸してくれヨ。五千円」
　　　　英一　「ないね」
　　　　耕作　「三千円」
　　　　英一　「(空ッポの箱を開けてみせて)ホラ、借りたいのは、俺の方や」
　　　　耕作　「倍にして返す<u>から</u>サ。デートなんだ」
　　　　英一　「(腕時計をはずして)うるさいなァ、もってけよ」

---

[15]「から」による「言いさし文」の表現効果については、白川(1991a)でかなり詳しく考察した。ただし、本章で言う「お膳立て」用法についてだけであり、それ以外の用法に関しては、考察していない。

耕作「(もらって)ワルイ。もつべきものは友達だ」

(市川森一『夢帰行』p.114)

(33)において「耕作」は、まず、S_2を発話することによって行為要求をする。そして、相手の「英一」の反応ぶりから、聞き手がS_2を実行に移すことに消極的だと判断して、後からS_1という条件を追加的に提示することによって、聞き手の態度を変えさせようとしている。

「完全文」の場合でも「から」による条件提示の機能はわかるが、こうして、「言いさし文」で再確認してみると、交換条件的に条件を提示して聞き手の態度を何とか変えさせようとする話し手側の心理がよくわかる。

同様に、次の(34)(35)も、聞き手に懇願するニュアンスを持つ「言いさし文」の例である。

(34) 美也子「……一時間だけ、大介と話をさせて下さい。お願いします」

花「(どう判断していいか分からない)……今、お兄ちゃんいませんから……困りますから……」

美也子「(本能的に大介を引き寄せ)あそこの角のパーラーでお茶飲むだけですから」

花「(大介を奪われる気がして)困りますから。家の中で……家の中でお願いします」

美也子「それはできませんから。すぐですから。よかったら見ててもらっても結構ですから」

(池端俊策『並木家の人々』p.74)

(35) 響子「大学祭に行ってもいいですか？」

五代「えっ……!?あの……大学祭ってぼくの大学の……？」

響子「はい。じゃまにならないように、適当にやりますから……」

五代「邪魔なんてとんでもない!!ぼくご案内します」

(高橋留美子『めぞん一刻②』p.145)

　ここで念のために付け加えておくが、「言いさし文」は、理由を表す「から」にも多い。そして、その多くが、S_1を提示することによって、聞き手に何らかの行為要求する効果を生む場合である。

(36)　栄介　「時ちゃん……あの下手な歌消して、テレビ観せてよ」
　　　時江　「(ムッと)テレビ観たかったら、他の店行ってよ(と、去る)」
　　　栄介　「？」
　　　圭　　「まずいですよ、あんなこと言っちゃ」
　　(中略)
　　　栄介　「よく聞くといい歌だねェ……ねェ、時ちゃん……章一クン
　　　　　　から送ってきたんだって？」
　　　　　紅く頷く、時江。
　　　栄介　「いい喉してるよ、彼。北海道は空気がいいのかなア(竜三か
　　　　　　ら箸で突つかれ)……？」
　　　竜三　「それ以上言うと、厭味にしか聞こえないから」
　　　栄介　「そりゃそうだ……」

(市川森一『黄色い涙』p.52)

　(36)において、S_2は表現されていないが、話し手が聞き手に対して特定の行為を要求していることは明らかだろう。「S_1カラ」だけでどのような行為を要求しているかがわかる場合は、S_2が先行しなくても、使える。
　もっと言えば、(36)のような例こそ、話し手がS_2を言わずに聞き手に委ねているわけであるから、本章で問題にしている言い尽くしのカラ節のもっともわかりやすい例と言えるかもしれない。[16]

────────
[16] 岡田・水谷(1985)は、言いさしの「から」の機能を、「共話的」な「わたし(渡し)」という観点から考察している。また、志村(1993)は、「断り」の発話行為における待遇表現

3.2.2. 「お膳立て」用法の場合

　この用法が、数多い「言いさし文」の用例の中でも、圧倒的に多い。多く見かける用法だけあって、辞書や文法書などでの言及も多く、実例を一見すれば、読者は、これらはよく言われるところの終助詞的な「から」ではないかと、思い当たられるだろう。

　　(37)　　　大樹が出て行く。
　　　　大樹　「行ってきます！」
　　　　正樹　「うん……」
　　　　　　　慎平が自分の部屋から出てきて、
　　　　慎平　「おやつ、アイスクリームが冷蔵庫に入ってる<u>から</u>な」
　　　　大樹　「うん……行ってきます！」
　　　　　　　と、行く。
　　　　　　　　　　　　　　　　　　　　(鎌田敏夫『男たちによろしく』p.69)
　　(38)　　　慎平、留守番電話のボタンを押す。
　　　　女の声　「真美です。帰ってきたら電話ください」
　　　　　　　続いて、
　　　　女の声　「佳世子でーす。帰ってきたら電話ちょうだい」
　　　　　　　続いて、
　　　　女の声　「真紀子。十一時までレザールにいる<u>から</u>……」
　　　　　　　　　　　　　　　　　　　　(鎌田敏夫『男たちによろしく』p.15)

　上の例の「言いさし文」において、話し手は、聞き手の何らかの行為を見越して(あるいは、期待して)、その行為を実行するために必要な前提情報を提示している。その行為の実行を積極的に促しているわけではないが、聞き手が実行しようと思えば実行できるように、聞き手に S_1 を新情報として

として言いさし表現を取り上げている。

導入している。すなわち、「S_1 カラ」という形によって表現された話し手のメッセージは、「S_1 という情報を提示します。あなたは、それを参考にして自分の行動を決めてください」といったところである。

　情報を提供するだけならば、普通の述べたて文だけでも同じ機能を担う。たとえば、(38)は、次の(38')のように言っても、聞き手にとって知らない情報を提供したことになるし、聞き手の側でも、結果的に、その新情報をもとに新たな行為の選択をするかもしれない。

　　　(38')女の声「真紀子。十一時までレザールにいる<u>よ</u>」

カラ節による「言いさし文」は、S_2 の行為要求部分は自分から言わずに聞き手本人に行為の選択を委ねてはいるが、相手の何らかの行為を可能にするための前提情報とすることを意図して S_1 を提示しているところが、単なる「言い切り」の文と異なる。

　次の例では、「〜ておく」という形式が、聞き手の将来の行為を話し手が見込んでいることを明示している。

　　(39)●阿佐ケ谷駅・改札口前(夜)
　　　　　　　改札口から押し出されてくる栄介。
　　　　　　　待っている三人(!)
　　　　栄介「?!……」
　　　　　　　三人が寄ってくる。
　　　　栄介「なにしてンの？　ガン首揃えて……」
　　　　　　　竜三が黙って電報を渡す。
　　　　　　　栄介、一読して……スーッと酔いが引いていく。
　　　　栄介「(蒼白)……」
　　　　　　　章一が、旅行カバンを差し出す。
　　　　章一「だいたいのものを詰め込んどいた<u>から</u>……」

栄介　「！」

　　　　　　　　　　　　　　　　　　（市川森一『黄色い涙』p.187）

　ところで、話し手は、何らかの行為を見越して(見込んで)S_1という前提情報を提示するのだが、具体的にどのような行為を見越して(期待して)いるのかについては、文脈から比較的容易に見当が付くものから、はっきりしないものまで、程度に差がある。
　一方では、次の例のように、S_1の中に、聞き手の期待する話し手の行為が明示的に盛り込まれているものもある。

（40）寿司屋　「すいません。代金いまお願いしたいんですが」
　　　静子　「あら、そうなの」
　　　寿司屋　「相すいません」
　　　静子　「五千円ね(と茶の間へ)」
　　　寿司屋　「はい。桶は、ここら出しといて貰えれば持っていきます
　　　　　　　から」

　　　　　　　　　　　　　　　　　　（山田太一『想い出づくり』p.169）

　また、もう一方では、次の例のように、何を見越して(期待して)いるのかまったく見当が付かないものもある。

（41）良介　「ややこしいやっちゃなあ」
　　　　　と、出ていく。
　　　良介　「ちょっと、煙草買うてくるから」

　　　　　　　　　　　　　　　　　　（鎌田敏夫『男女７人秋物語』p.117）

（42）良雄　「(ひとりで食事をはじめたところ)」
　　　愛子　「(台所で野菜をいためている)」
　　　良雄　「ああ、今度の日曜、一日ぼくいないからね」

愛子　「(ガスを止める)」
良雄　「ワンゲルで高尾山行く<u>から</u>」
愛子　「(反応せず、フライパンと皿を持って来る)」
（山田太一『ふぞろいの林檎たち』p.44）

(43) 美樹　「私、今井さんとは絶対に別れない<u>から</u>！」
（鎌田敏夫『男女7人秋物語』p.244）

　このような例においては、S_2が表現されていないどころか、暗示さえされていないように見えるので、終助詞的用法ということで処理されることが多い。

　しかし、このような極端な場合においてさえも、聞き手が何かをするために参考になる情報として提示していると解釈できる点では今までの例と共通しているので、接続助詞の用法の延長線上に位置づけることは可能である。

3.2.3.「段取り」用法の場合

　最後に、「言いさし文」の「段取り」用法だが、この実例は見つからない。おそらく、原理的に不可能なのだろう。

4. 理由を表さないように見える「から」

　これまでの節では、「から」の用法は理由を表すものと表さないものに二分される、という前提の下に、理由を表さない「から」について、その意味・機能を考察してきた。理由を表すか否かの客観的な判定基準は、S_1が「どうして」という問いの答えになりうるか、という点に求められた。そして、理由を表さない、と判定されるものについては、2. および 3. の説明で包括的に解釈できることを示した。

　ところが、理由を表すか否かの判断が微妙なケースも存在する。もしもそれが理由を表さない「から」であれば、前述の説明に修正を要する可能性が出てくるので、この際、調べておかなければならない。

4. 理由を表さないように見える「から」

　先回りして、結論を述べれば、これから述べる「から」は、理由を表さないように見えるが、実は、理由を表す「から」の一種として処理することが可能なものである。

4.1. 前提の条件が満たされたことを示すもの：条件の現実化
　次のような「から」は、直観的には、理由を表しているとは考えにくい。

　　(44) 12時になったから、ご飯にしよう。
　　(45) ［妻が夫に］
　　　　「お風呂が沸きましたから、入ってください」

「どうして」のテストで確かめても、理由を表さないと判定するのが妥当なように見える。

　　(44') A：ご飯にしよう。
　　　　　B：どうして？
　　　　　A：#12時になったから。
　　(45') 妻：お風呂に入ってください
　　　　　夫：どうして？
　　　　　妻：#沸きましたから

　しかし、このような「から」を使う場合、話し手と聞き手との間に、必ず次のような前提が存在する(暗黙の了解であるか、あるいは、言葉に出した取り決めであるかは別として)。すなわち、(46a)のような理由文の前提として、(46b)のような条件文があらかじめ存在すると考えられる。[17]

---

[17] 一般に、理由文の基底には条件文があると考えられる。理由文と条件文の関係については、坂原(1985:116-124)を参照のこと。ただし、筆者は、「S_1 カラ S_2」という文のすべてが、理由文であると考えているのではないことを確認しておく。

(46) a.　S₁ カラ S₂
　　　b.　S₁ タラ S₂

　前の例で説明するならば、(44)(45)の影には、それぞれ、(44")(45")のような前提が存在すると考えられる。

(44") 12時になっ<u>たら</u>、ご飯にする。
(45") お風呂が沸い<u>たら</u>、夫が入る。

　このように、前提となる条件文の条件部分の実現を理由にして帰結を述べるような「から」の用法を、「条件の現実化」用法とでも呼んでおこう。[18]
　「条件の現実化」用法においては、前提となる条件文が談話中に明示されない場合が多いが、次のように、明示されているような場合もある。

(47) 桃子　「一緒に行ってほしいところがあるの」
　　 良介　「一緒に？」
　　 桃子　「うん」
　　 良介　「どこや？」
　　 桃子　「行ってくれる？」
　　 良介　「だから、どこやって言うてるやないか？」
　　 桃子　「行ってくれるって約束してくれ<u>たら</u>、言う」
　　 良介　「先に言え」
　　 桃子　「約束してくれないと言わない」

---

[18] 子供が遊びのときに言う半ば決まり文句的な表現に、「蛙が鳴くから帰ろ」という表現があるが、この「から」の用法も、ここで言う「条件の現実化」用法だと考えられる。森田(1980)は、この表現について、「『カラ』条件を用いている以上、『帰ろう』のきっかけとして、蛙が鳴くことを子供の主観によってとらえていると解すべきであろう(p.111、傍点白川)」としているが、暗黙の前提条件の現実化と解釈すれば、よりわかりやすい説明になる。暗黙の条件であるために、「主観的」という見方が生じたのだろう。

4. 理由を表さないように見える「から」

良介 「言わないと約束できません」
　　　(中略)
良介 「一緒に行ったる<u>から</u>、言うてみい」

(鎌田敏夫『男女7人秋物語』p.221)

　さて、ふつうは、発話時点で聞き手の側も(46)のような前提を覚えている(あるいは無意識のうちに保持している)から、仮に「S_1 カラ」を言わずに S_2 だけが発話されても、「どうして？」と問い返すようなことはない。なぜなら、S_1 が提示されなくても、S_1 の実現を自分で確認できれば、S_2 という帰結を不思議に思うことはないし((44)がその例)、あるいは、S_1 の実現を確認できない場合でさえも、前提に照らし合わせて S_1 の実現という事実を S_2 から逆算的に推論し、聞き手の発話を疑問なく受け入れるからである((45)がその例)。いずれにせよ、前提に条件文を持つ「から」文については、S_2 という聞き手の発話に対して「どうして？」と聞き返す動機は、ふつうの状況では、考えにくい。そのため、(44)や(45)におけるような「から」が、あたかも、理由を表さない「から」のように見えるのである。

　しかし、聞き手が前提を忘れているような文脈、あるいは、覚えていても S_1 が現実化したことを知らないような文脈を考えれば、「どうして」のテストは、ふつうの理由文と同じような結果を示す。

　たとえば、一郎と洋平が賭けをして、「細川なる人物が総理大臣を引き受けたら、洋平が10万円払う」という約束になっていたとしよう。そして、現実に細川氏が総理大臣を引き受けたとする。その場合、一郎は、次のように発話するだろう。

(48)「細川が総理大臣を引き受けた<u>から</u>、10万円くれ」

あるいは、S_1 は聞き手にとってもわかりきった事実であると話し手が思うなら、S_2 だけを発話するかもしれない。

(48')一郎「10万円くれ」

このとき、洋平が①自分たちの賭けのことを忘れてしまっている場合、あるいは、②細川氏が総理大臣を引き受けたという事実をまだ知らない場合、洋平は、一郎に対して、理由を尋ねる可能性がある。

(48")一郎「10万円くれ」
　　　洋平「どうして？」
　　　一郎「細川が総理大臣を引き受けた<u>から</u>」

そして、自分たちの間のコミュニケーション・ギャップに気づいた洋平は、次のように言うだろう。

(49) a.　洋平「そうか、そう言えば、そういう約束だったな」（①の場合）
　　　b.　洋平「えーっ、ほんと!?　信じられん！」（②の場合）

　この例からわかることは、条件文が前提としてある「から」文においては、本質的には、S_1 が S_2 の理由づけになっているということである。すなわち、「どうして」のテストで、理由を表さない「から」と同様の結果を示したとしても、それは、別の要因が関与しているからであって、このような「から」が理由を表さない「から」であるということにはならない。
　以上、「条件の現実化」用法を、理由を表さない「から」に入れるべきでないことを議論してきたが、そのほかにも、この用法と理由を表さない「から」との違いを示す現象がある。それは、「条件の現実化」用法においては、独り言での発話が可能だということである。

(50)［独り言］「6時になった<u>から</u>、そろそろ出るか」

4. 理由を表さないように見える「から」

前に述べたとおり、理由を表さない「から」の用法は、ことごとく、対話場面で発話される。「条件の現実化」用法が独り言でも発話できるという事実は、この用法の「から」が理由を表さない「から」ではないとする結論と、符合するものである。

4.2. 成り行きで行った動作のきっかけを表すもの:「きっかけ」用法

理由を表さない「から」に似て非なる用法は、そのほかにもある。たとえば、次の例のように、「から」が動作のきっかけを示すような場合である。

(51) 一枝「あなたは、何で溜め息をついてるのよ」
　　 ひかる「だってさ、高木さんって、全然鈍感なんだもの」
　　 一枝「何が？」
　　 ひかる「だってさ、何回もデートしてるのに手も握ろうとしないんだよ。この間、映画館で、こっちから手を握ったら、びっくりした顔をしてた」
　　 一枝「……」
　　 ひかる「昨日もね、うちまで送ってくれた<u>から</u>、私がわざと暗い道を通ってあげてるのに、全然感じないんだもの。うちの前まで送ってきてさ、『お父さんとお母さんによろしく、また会いましょう』って、帰っちゃうのよ」
　　　　　　　　　　　　　　　　(鎌田敏夫『男女7人秋物語』p.260)

(52) 花「さっきこの人にあったら、銀行の書類を兄ちゃんに渡したいって言う<u>から</u>、見舞いがてら一緒に行こうって連れてきちゃいました」
　　　　　　　　　　　　　　　　(池端俊策『並木家の人々』p.241)

このような場合も、「S_1 タラ S_2」という前提を(想定しようと思えば)想定できる。その点では、基本的に「条件の現実化」用法と同じであるので、こ

れも、理由を表す「から」と考えることにする。ただし、この用法が現れるのは、話し手が自分自身の行為を「成り行き」として語っているような文脈であるので、「から」の本来もつ「理由」という色は薄まり、「きっかけ」とでもいうべきものになっている。

また、S_2は聞き手のすべき行為ではなく、話し手の(過去の)行為に限られているという点においても、理由を表さない「から」とは異なる。

5. まとめ

本章では、理由を表すと一般に考えられている「から」について、理由を表さない用法もあることを指摘し、そのような「から」が、どのように使われて、何を表しているのかを、考察した。

シナリオやマンガから収集した1,100例余りの「から」文の実例を検討した結果、次のようなことがわかった。

「S_1 カラ S_2」(その変形の文型も含む)の「から」が理由を表さないとき、

① S_2には、必ず、聞き手の何らかの行為を要求する表現(命令・禁止・依頼・勧誘など)が来る。
② S_1は、S_2を聞き手が実行に移すのを可能にしたり、促進したりする情報として提示される。
③ 「から」の談話的な機能は、新情報S_1を聞き手の知識の中に導入することによって、それ以前の段階では聞き手が実行に移せなかった(前提情報の欠如のために移そうにも移せない場合と、実行に踏み切るだけの好条件でない場合とがある)行為を実行可能な状況にすることである。
④ S_1は、S_2を伴わなくても意味をなすことがある(「言いさし文」)。その場合も、実は言いさしているのではなく、談話的な機能は全うしている。

この中で、カラ節の機能を考えると、②③の記述が最も本質的である。

5. まとめ

　包括的な記述をするために、また、様々な別の要因を解きほぐすために、3つの用法・3つの文型に分けて検討したが、用法の分類および談話上の位置の違いを越えてカラ節が持っている機能は、このようにまとめられると考えられる。

　3つに分類した用法に対して、それぞれ別のレッテルを付けたが、その中で、「条件提示」というレッテルは、もしかすると、別の用法をも説明し得る性格づけかもしれない。すなわち、当の「条件提示」用法に限らず、「お膳立て」用法・「段取り」用法においても、S_1は、聞き手がある行為を実行に移すための「条件」、すなわち、前提情報として提示されていると考えることが可能である。

　「条件提示」用法は、発話以前に聞き手に与えられていた前提的な知識を変えることによって、聞き手に態度の変更を促すものであった。すなわち、話し手の側から言えば、「この新しい前提でならば、どうですか」と聞き手に提示していることになる。

　それに対して、「お膳立て」「段取り」両用法については、そもそも、S_2の実行を可能にする前提的な知識が発話以前にはない。その前提的な知識を、新規に導入するのが、カラ節＝「S_1カラ」の機能だと考えられる。たとえば、「メガネを取ってきてくれ」と人に頼まれて、それを実行に移すためには、その眼鏡のある場所を知っていることが前提だが、その前提的な知識が欠如していると話し手が考える場合に、「洗面所にある<u>から</u>」という形で、聞き手の知識の中に新規に導入するのだと思われる。[19]

---

[19] 筆者は以前「から」で言いさす文について考えた際(白川 1991a)、本研究で言う「お膳立て」「段取り」の用法について、「背景」を説明している、と考えた。「背景」とは、「主節で言われること(命令、依頼、勧誘など)をすんなりと行動に移すために相手が承知していなければならない(と話し手が考える)、状況についての前提的な知識のことを言う(白川 1991a:254)」。

　終助詞的な「から」についての基本的な考えは、本書においても変わっていないが、「条件提示」用法をも取り込んだ包括的な説明を与えることによって、「完全文」との統一的な説明がより自然にできるようになったと思われる。

つまり、前提的な知識を新規に導入するか、それ以前の前提的な知識と書き換えるかの違いはあるが、何らかの行為実行のために参照すべき前提情報を提示する、という点においては、3つの用法は共通しており、まさに、これがカラ節の本質的な機能だと考えられる。[20]

「完全文」「倒置文」「言いさし文」というカラ文の文型的なバリエーションを包括的に説明しようとしたために、回り道の議論になったが、本章の考察により「言いさし文」の談話機能についても場当たり的でない説明が可能になった。

---

[20] 聞き手の知識についての「書き換え」「導入」という考え方は、井上(1993)から想を得たものである。

─第3章─
タラ節・レバ節による言い尽くし

1. はじめに

　第1部では、従属節による言い尽くしの「言いさし文」について、個別の従属節を順次取り上げて考察しているが、その最後として本章で考察するのは、タラ節・レバ節で言い終わって願望や勧めを表す表現である。

　たとえば、次のような「言いさし文」がそれに当たる。

（1）　蛭　田　僕はね、二号店は大きなデパートの中に出して、三号店は
　　　　　　　ハワイに出せたらって思ってる。
　　　ひらり　いいなァ……。

　　　　　　　　　　　　　　　　　　　　（内館牧子『ひらり3』p.133）

（2）　［藪沢家・夫婦の部屋（夜）］
　　　　　　　着がえたりしている洋一、ゆき子。お互いに根本のことを気にし
　　　　　　　ているがごくさり気なくふるまって。
　　　ゆき子　シャワー使ったら？
　　　洋　一　ああ。……しかし、変わらんな、みんな。

　　　　　　　　　　　　　　　　　　　　（内館牧子『ひらり1』p.478）

（3）　音無　「で、［五代君は］どーするのかね、これから。保父の資格で
　　　　　　もとるのかね。」
　　　響子　「さあ……中学か高校の教員の空き募集を待っているようで
　　　　　　すけど……せめて非常勤講師の口でもあれば……」

　　　　　　　　　　　　　　　　　　（高橋留美子『めぞん一刻10』p.94）

(4) **みのりの声** ひらり、竜太先生と<u>つきあえば</u>。

(内館牧子『ひらり 3』p.91)

これらの例文において、(1)(3)は願望を、(2)(4)は勧めを表している。

ケド節やカラ節の場合と同様に、このような文は、文法的に見て非常におもしろい特徴を備えている。第一に、統語的には不完全な形式をしていながら、談話レベルでは、何の不完全感もなく意味が解釈できること、第二に、一般的には条件を表すとされるタラ節・レバ節が、「言いさし文」の形で使われると願望・勧めといった、「完全文」の従属節の用法とは一見関係のないような意味に解釈される、という点である。

条件を表す接続形式にこのような用法があることは、いろいろな先行研究が既に記述しているところだが、[1] 用法の登録以上の突っ込んだ文法的な考察を加えているものはほとんどなく、大きく分ければ、①本来あるべき主節—たとえば、「〜たらどうか」の「どうか」、「〜ればいい」の「いい」など—が省略されたものとして片付けるか、②接続用法とは別個の終助詞的な用法として登録するか、のいずれかであった。[2]

いずれの立場も、満足の行く文法的説明とは言えない。①の立場は、「不完全文」であるところの言いさし文を「完全文」に還元して説明しようとするものであり、「不完全文」の意味的な完全性には目を向けていない。一方、②の立場は、意味的な完全性を重視している反面、接続用法との連続性の説明を放棄している。

わたくしは、「言いさし文」という表現形式に「完全文」とは独立した表現価値を認めながらも、その表現価値は、その形式に焼き付けられた意味で

---

[1] たとえば、つとに国立国語研究所(1960:120)が「すすめの表現」として記述しているのを始めとして、Alfonso(1966:1203)に「願望(desire)」、森田(1989:687)に「促す言い方」、高橋(1993)に「願望」「すすめ」の用法の記述がある。

[2] 例外的に高橋(1993)は、省略によってできた形式とはしつつも、これらの形式は、元の形式とは違った述べかけ方を持つことを主張している。

はないと考える。つまり、本来的な意味と文脈情報とを手がかりにして算出される派生的な意味だと考える。

そこで、本章では、タラ節・レバ節による「言いさし文」について、用例を詳しく観察することによって、どのような条件の下に、どのような意味で使われるのかを明らかにしたい。その過程で、①条件を表すとされる接続形式がなぜ願望・危惧・助言の表現に使われるのか、②形式的には不完全なものが、なぜ意味的には不完全でないのか、という疑問になにがしかの解答が与えられればと思う。

2. タラ節による「言いさし文」の用法

まず、タラ節による「言いさし文」から観察することにする。

聞き手の存在を前提とした発話(聞き手存在発話)であるか、必ずしも前提としない発話(聞き手不在発話)であるかで、まったく異なった用法になるので、それぞれの場合に分けて考えていく。[3]

2.1. 聞き手不在発話の場合

独り言や心内発話など、聞き手不在発話の場合には、タラ節による「言いさし文」は、願望もしくは危惧を表す。次に示す例のうち、前3例は願望の、後2例は危惧の用例である。[4]

(5) 僕はね、二号店は大きなデパートの中に出して、三号店はハワイに<u>出せたら</u>って思ってる。　　　　　　　　　　　　（＝(1)）
(6) 古屋「久美子さん、なにか？」
　　武志「いえ。なにか、こちらでなかったかと、そんなことをちょっと<u>伺えたら</u>と思いまして(と一礼)」

---

[3] 聞き手存在発話・聞き手不在発話という区別は仁田(1991)の考え方に拠る。
[4] 同じく「願望」といっても、(5)(6)は、未実現のことについての願望、(7)は、既に実現したことについての反実仮想的な願望であるが、ここでは、その区別は問題にしない。

第3章　タラ節・レバ節による言い尽くし

(山田太一『想い出づくり』p.93)

(7) 響子の母　「私達、これからなにを楽しみに生きて行けばいいのかしら…孫でもいて<u>くれたら</u>……ま、今さらグチ言っても仕方ないけど…」

響子の姑　「いや〜そんな…響子さんだって、そろそろ……」

響子の母　「あらっ、再婚だなんてっ。いえね、そりゃー私達孫は欲しいですけど…」

(高橋留美子『めぞん一刻⑤』p.209)

(8) こいつに部屋で長居でも<u>されたら</u>……。

(柴門ふみ『東京ラブストーリー①』p.44)

(9) 五代(心中発話)　「こ…こんなひねたガキに、管理人さんを好きだなんて<u>知られたら</u>…」

(高橋留美子『めぞん一刻⑧』p.142)

用例の数から言うと、願望よりも危惧の用法の方が多い(14例中10例)が、願望の用法も珍しくはないようである。[5]

注目すべきは、いずれの用法の場合も、欠けているタラ節の帰結が問題になっているのではない、ということである。もっと言えば、話し手は、タラ節の内容を想定している(それは、タラ節の本来的な機能による)だけであり、結果的に、タラ節の内容の実現それ自体に対しての話し手の評価的感情—良い(嬉しい)か悪い(困る)か—を表出している。

ただし、評価的感情の表出というのは、あくまでも、語用論的に出てくる表現価値であり、タラ節による「言いさし文」という形式自体が持っている機能ではない。その証拠に、次のような言いさし文は、その文だけでは評価

---

[5] McGloin(1976-1977)は、「完全文」におけるタラ節・レバ節の使い分けの説明として、条件節の内容についての話し手の心的態度が、タラ節は否定的で、レバ節は肯定的であるという主張しているが、この説が妥当でないということは、タラ節による「言いさし文」が願望を表すという事実が端的に示している。

的感情の表出という意味は保証されない。

  （10） N もしも明日、［久男が］まわしを<u>つけなかったら</u>……という思いがよぎりました。でも、それなら心意気という点だけでも、久男は力士に向かないのだとひらりは思っていました。

（内館牧子『ひらり1』p.131）

この「言いさし文」は、「危惧」の感情をこめて発せられているのだが、それは、タラ節の内容(「まわしをつけない」ということ)が望ましくないこととして捉えられているということが文脈によって既に理解可能だからである。そのような文脈がまったくなければ、形式・意味の両面にわたって不完全な文ということになろう。
 前後の文脈以外にも、評価的感情の表出という表現価値を保証する語句が文中に存在するのが普通である。上の例で言えば、(5)(6)における可能動詞、(7)の「～てくれる」、(8)(9)の「～られる」、(8)の「～でも」、(9)の「～なんて」などがそれで、これらが評価的感情の表出という解釈の手がかりになっている。また、次のように、「なあ」という詠嘆の終助詞をつけることによって、願望の意味を明示的に表す場合もある。

  （11）雨が降ったら<u>なあ</u>。   （作例）

2.2.　聞き手存在発話の場合
 タラ節による「言いさし文」は、聞き手に持ちかけられた場合、勧めを表す。

  （12）シャワー<u>使ったら</u>？   （＝(2)）
  （13）一の瀬　「五代くん、今日病院に検査しに行くんだってさ。」

第3章　タラ節・レバ節による言い尽くし

　　　響子　「あら、そうですか。」
　　　一の瀬　「付いてって<u>やったら</u>？」
　　　響子　「そんな……子供じゃあるまいし。」
　　　　　　　　　　　　　　（高橋留美子『めぞん一刻⑦』p.196）

この用法については、森田(1989)に当を得た説明がある。

　　動詞を前件として、「〜たら」で文を止めるか、「……たらいい／たらどう／……たらいかが」の形を取ると、相手にある行為の開始または終始を促す表現となる。<u>仮定的な条件を提示することによって、結果的にその実現を促す勧誘表現となる</u>のである。　（p.687、傍線は引用者）

ただし、聞き手に仮定的な条件を提示しさえすれば勧めの表現になるかと言えば、そうではない。

(14)　**みのり**　ねえ、どうやったらいいんだろうね。
　　　ひらり　サァ……好きな人には好きっていうしかないんじゃない？
　　　みのり　それが言えりゃあねえ……。
　　　ひらり　私なら言っちゃう。
　　　みのり　言える？
　　　ひらり　言えるよ。
　　　みのり　よく平気ね。
　　　ひらり　だって好きなんだもん。
　　　みのり　相手がイヤだって<u>言ったら</u>？
　　　ひらり　泣く。
　　　　　　　　　　　　　　　（内館牧子『ひらり 1』p.394）

(15)　みゆき：入試に<u>落ちたら</u>？
　　　宏：就職するよ。
　　　　　　　　　　　　　　　　　　　　　　　　（作例）

タラ節による「言いさし文」が勧めの表現になりうるためには、①タラ節の主語が聞き手であり、かつ、②タラ節の述語が意志的動作であることが必要である。
　しかし、聞き手に仮定的な条件を提示する（あるいは、持ちかける）という点では、勧めの表現は、上のような表現と同じである。
　相違点は、タラ節の帰結の解釈である。(14)(15)のような単なる持ちかけの場合は、欠けている帰結部分は、聞き手の側で充当する（実際に発話するしないは別として）ことが期待されている。話し手は、途中まで言ってやめているわけで、その意味で、文字どおりの言いさしと言ってもよい。
　それに対して、勧めの意味になる持ちかけの場合は、願望・危惧の用法と同様、タラ節の帰結は問題にならない。タラ節の内容の実現の成否が問題にされるのである。たとえば、(12)において、シャワーを使うということの実現の帰結として、どうなるか、あるいは、どうするかということを問題にしているのではなく、シャワーを使うこと自体の当否を問題にしているのである。
　その点で、この用法は、願望の用法（＝表出）の「言いさし文」が聞き手に向けて持ちかけられて、働きかけに移行した場合だと考えればよい。

3. レバ節による「言いさし文」の用法

　次に、レバ節による「言いさし文」の用法について観察する。ここでも、タラ節の場合と同様、聞き手不在発話と聞き手存在発話という2つの場合に分けて考える。

3.1. 聞き手不在発話の場合

　心内発話や独り言で使われた場合、タラ節の「言いさし文」と同様、願望を表す。

　　(16) 八神（独り言）「弟でも<u>いれば</u>なー。」
　　　　　　　　　　　　　　　　　（高橋留美子『めぞん一刻⑪』p.117）

(17) 義姉「しばらくは共働き？」
　　 響子「はい、それで…　できたらもうしばらく一刻館の管理人を
　　　　　続けさせて<u>いただければ</u>と思って…。」
　　 義姉「うちは大助かりよね、おとうさん。」
　　 義父「ああ、住人達も喜ぶだろう。」
　　　　　　　　　　　　　　　　（高橋留美子『めぞん一刻⑮』p.171）
(18) 年をとった時、必ず後悔する。あの時早く治して<u>おけば</u>……ってサ。
　　　　　　　　　　　　　　　　（内館牧子『ひらり 1』p.451）

　タラ節と異なるのは、危惧の意味で使った用例がまったく見当たらないことである。タラ節では言い得た次のような文で、代わりにレバ節を使うと、おかしくなってしまう。

(8') こいつに部屋で長居でも｛されたら／#されれば｝。
(9') こんなひねたガキに、管理人さんを好きだなんて｛知られたら／
　　 #知られれば｝…。

　レバ節の「言いさし文」のこのような性質は、タラ節とは違う意味解釈のメカニズムにその原因が求められる。
　鶴田(1984)によれば、「S_1 タラ S_2」を使った場合と「S_1 レバ S_2」を使った場合とでは、話し手の心的態度が次のように違うという。

原則1：S_1 タラ S_2 では、話し手は S_1 が実現するかどうかは度外視して、実現した場合を想定して S_2 を主張しており、S_2 の主張は聞き手にとって予想不可能なことだと考えている
原則2：S_1 レバ S_2 では、話し手は、
　(α) S_2 が実現するかどうかを決めるのは S_1 が実現するかどうかである。

あるいは、

（β）S_1が実現した場合には、S_2は必然的に実現する。

と考えている。

(鶴田 1984:29)

原則1の後半部分に問題が残るが、わたくしは、この記述は基本的には、妥当なものだと思う。[6]

特に、レバ節の使い方についての記述（原則2）に着目したい。（β）は、「春になればさくらが咲く」のような、法則的な条件づけの文の場合であるからここでは除外して、（α）に限って考えるとすると、「S_1レバS_2」という文を発話する際は、「S_2を実現させるためにはどうすればよいか」という問題設定が話し手によってなされているということになる。「S_1レバ」は、その問題設定の解答として主張されるというわけである。

レバ節の「言いさし文」が必ず願望の解釈を受けるのは、レバ節が本来的に持っているこのような性質による。S_1は、S_2を実現させるために必要と話し手が考える事態だからである。健全な精神の持ち主であれば、自分にとって望ましくないことを実現させるために何が必要かと考えることはない。S_2は、必ず話し手にとって望ましいことになる。

S_2は、文脈情報を手がかりに具体的な命題の形で復元できる場合もあれば、何か「望ましいコト」の存在が抽象的に暗示されるのみの場合もある。

次の(19)は、前者の例である。

(19)弟でも<u>いれば</u>なー。　　　　　　　　　　　　　　　　(＝(16))

(19)の発話される文脈を説明すると、話し手（女子高校生）がある大学生（男性）と付き合うために、そのきっかけとして、その大学生がアルバイトでし

---

[6] 原則2の(α)のような含意が生じるのは、誘導推論による。詳しくは、坂原(1985:100-116)を参照のこと。

ている家庭教師の生徒になろうとする。ところが、その大学生は、自分が請け負うのは小学校高学年から中学生までだと言って拒絶する。そのあと、話し手が独り言で発話したのが、(19)である。(19)に欠けている主節を補うとすれば、さしずめ、次の(19')のようになるだろう。

(19') 弟でもいれば、先生に近づける(のに)。

一方、次の(20)のように、抽象的な S_2 が暗示されている場合も多い。

(20) 八神 「パパ…わかったでしょ。五代先生ってこういう人なのよ。」
八神の父 「うむ…　人の心が荒れ果てたこの時世に…　実に素晴らしい人材だ。三友にもこういう人間味のある男が<u>おれば</u>…」
(高橋留美子『めぞん一刻⑩』p.20)

この場合も S_2 を強いて補おうと思えば、できなくはない。

(20') 人間味のある男がおればいい(のに)。

しかし、S_2 として想定できるのは、「いい」(「よかった」)、「うれしい」、「幸いだ」など、プラスの評価的感情を表すいくつかの述語に限られる。S_2 は情報内容的には空疎になり、「S_1 の実現自体を望む」という話し手の心的態度をより明示的に表現するために形式的に付け加えられるにすぎない。
　この形式化がさらにすすむと、S_2 として具体的な言語表現を補いにくいような場合も出てくる。

(21) できたらもうしばらく一刻館の管理人を続けさせて<u>いただければ</u>と思って…。　　　　　　　　　　　　　　　　(=(17))
(21') 続けさせていただければ {#いい／#うれしい／??ありがたい／

3. レバ節による「言いさし文」の用法

[#]幸いだ} と思って。

もちろん、このような場合でも、聞き手は、レバ形の表す心的態度を手がかりに、話し手が S_1 を自分にとって望ましいコトとして提示しているのだということが過不足なく理解できる。

3.2. 聞き手存在発話の場合

レバ節による「言いさし文」が聞き手に持ちかけられた場合、タラ節と同様、勧めを表す。

(22) ひらり　おじちゃん、久男が偉くなったらここんちのお酒、寒風山って名前に変えれば。
　　　敏明　イヤ、実は俺も本気でそれを考えてるよ。
　　　　　　　　　　　　　　　　　（内館牧子『ひらり 2』p.183）

(23) ひらり　ねえ、二人って何か似合う。デートすればァ。
　　　芳美　ヤダ、ひらりちゃん。（とクネクネ）
　　　　　　銀次、やめてくれと必死で手を振る。
　　　　　　　　　　　　　　　　　（内館牧子『ひらり 2』p.227）

(24) ひらり　ねえ、戻ってくれば。
　　　明子　親方が心配してるってわかっただけでいい気分。つれ戻しに来るまで戻らないわ。
　　　ひらり　親方だってプライドあるもん、つれ戻しになんか来ないよ。
　　　　　　　　　　　　　　　　　（内館牧子『ひらり 2』p.402）

(25) ゆき子　久男、まだ寝てんのかしら。
　　　ひらり　ほっとけば、あんなヤツ。
　　　　　　　　　　　　　　　　　（内館牧子『ひらり 1』p.119）

勧めの意味で使われたレバ節は、ほとんど意味を変えることなくタラ節と

言い換えることが可能な場合も多いが(たとえば、上の(22)(23)などはそうである)、タラ節で表すとおかしくなったり、意味が微妙に変わってしまう場合も多い。タラ節との使い分けについては、次の節で少し詳しく見る。

さて、レバ節による「言いさし文」が聞き手存在発話において勧めの意味を持つに至る筋道は、聞き手不在発話における願望の用法の由来と基本の部分では同じである。すなわち、「S_1 レバ」は、望ましい帰結 S_2 をもたらす条件として話し手が導き出したもので、それをさらに聞き手に持ちかけているという点で願望の用法との違いが生じる。併せて、タラ節が勧めを表す場合と同様、レバ節の勧めの場合も、S_1 の主語は聞き手であり、かつ、S_1 の述語は意志的動作でなければならないことは、言うまでもない。

「聞き手がやろうと思えばできる動作をするということ($= S_1$)を、望ましい帰結($= S_2$)をもたらす条件として聞き手に持ちかける」という発話行為は、「勧め」にほかならない。

願望の用法については、前節で、S_2 が文脈情報の中に具体的に突き止められるものからそうできないものまであることを指摘したが、まったく平行的なことが勧めの用法についても言える。

まず、「どうすれば S_2 が実現するか」という課題設定が文脈の中で明らかな例を見てみよう。

(26) みのり　(前略)私、好きだとかって示したりするのどうも苦手なのよね。
　　　芳　美　誰かにとられちゃうよ。世の中にはいい女、いっぱいいるんだから。
　　　みのり　ね……。うちの妹だったら何だって思った通りやっちゃうと思うの。同じ姉妹なのにね……。
　　　　　　　(中略)
　　　芳　美　ねえ、妹さんにやり方相談してみれば。
　　　　　　　　　　　　　　　　　　　(内館牧子『ひらり1』p.208)

(27) ［電話で］
　　　五代　「あ、おれ五代。映画行かんか？　券はあるんだ、指定席。
　　　　　　　アホ!!　誰がおごるか。ちゃんと金払えよ。」
　　　坂本　「じゃーだめだ、おれ金欠だもん。彼女でも<u>誘えば</u>？」
　　　五代　「彼女がいれば、おまえなんかに電話せんわっ。」
　　　坂本　「はっはっは　そ〜〜だったね〜〜。」
　　　　　　　　　　　　　　　　　　（高橋留美子『めぞん一刻②』p.87）

実現が望まれているコト（= S_2）の内容は、(26)では、「好きだという気持ちの示し方がわかるコト」、(27)では、「券がはけるコト」であり、どちらも、文脈から解釈可能である。その S_2 を実現させるべく、話し手は、「S_1 レバ」という条件を持ちかけている。

　一方、S_2 の内容が具体的には示されておらず、単に S_1 の実現を望ましいと思う気持ちを聞き手に持ちかけている場合も多い。

(28) おじちゃん、久男が偉くなったらここんちのお酒、寒風山って名前に<u>変えれば</u>。
　　　　　　　　　　　　　　　　　　　　　　　　　　　（=(22)）

(29) ひらり　ねえ、二人って何か似合う。<u>デートすればァ</u>。
　　　　　　　　　　　　　　　　　　　　　　　　　　　（=(23)）

このような場合においては、「ドウスレバ S_2 カ？」と言えるような具体的な S_2 は、文脈の中には見当たらない。

4.　タラ節とレバ節の使い分け

　以上、見てきたように、タラ節の「言いさし文」とレバ節の「言いさし文」は、結果的には似たような意味を表すことが多い。「願望」「勧め」という用法分類のための便宜的なレッテルを貼ってしまえば、意味の違いは捨

象されてしまう。しかし、これまでの議論で示したとおり、「願望」にせよ「勧め」にせよ、そのような解釈に至るメカニズムには、両者の間で違いがあるのだから、それに伴ってニュアンスの違いが生じることは、たやすく想像できる。

この 4. では、前の 2 節での説明を補強する意味もこめて、タラ節とレバ節の使い分けの要点を概観してみたい。

なお、タラ節は危惧の意味で使えるが、レバ節では使えない、ということは、前の節で既に指摘したので、ここでは繰り返さない。この節では、「願望」「勧め」という、両者の共通の用法に限って、比較する。

4.1. レバ節の方が適当な場合

レバ節が使える場面では、多くの場合、タラ節での言い換えも可能である（逆は真ならず）。少なくとも、タラ節を使うとおかしくなる場合というのは極めて少ない。しかし、レバ節の方が的確に話し手の心的態度を表すことができるような場合も、確かに存在する。そのような場面を、願望の用法、勧めの用法に分けて見て行く。

［願望の用法］

願望の用法でレバ節の方がふさわしい場合として、次の 2 つの場合が挙げられる。

(あ) 反実仮想の場合

 (30)「これでこいつさえ<u>いなければ</u>……」
         （高橋留美子『めぞん一刻⑦』 p.206）
 (31)　緑　風　診療所が<u>開</u>いてりゃなァ。
   梅　若　早く何とかならんもんでしょうか。
   緑　風　力士を診るとなると相撲が好きでないと困るからねえ。な

かなか……。

(内館牧子『ひらり1』p.86)

(32)〔初詣の響子と五代、狛犬を撫でている三鷹に遭遇し、眺めている。
　　　三鷹、二人に気づいて〕
　　　三鷹　「やだなあ、ひとこと声かけてくだされば…」
　　　響子　「でもなんか…熱中なすってたから、悪くて……」

(高橋留美子『めぞん一刻⑫』p.12)

　現在の事実あるいは過去の事実と食い違うことを仮想して願望を表出する場合は、レバ節の方がふさわしい。
　これは、現実と異なる条件であれば帰結が異なっていた、とする考えの道筋が、「−Ｐレバ−Ｑ」（「−Ｐ」「−Ｑ」はP, Qの不成立を表す）という裏の意味を持つ「ＰレバＱ」の本来的な性質と適合するためと思われる。「ＰタラＱ」には、このような裏の意味はないので、願望と現実とのコントラストをこれほどはっきりとは表せない。

(い)相手の意志に配慮した願望の場合

(33)義姉　「しばらくは共働き？」
　　　響子　「はい、それで…　できたらもうしばらく一刻館の管理人を
　　　　　　続けさせていただければと思って…。」
　　　義姉　「うちは大助かりよね、おとうさん。」
　　　義父　「ああ、住人達も喜ぶだろう。」

(＝(17))

(34)お客さまには午後五時ごろ集まっていただくことになっているのですが、あなたには朝十一時頃から来ていただければと思っています。お家でもなにかとお忙しいと思っていますが、私の頼み、是非

是非聞き届けてください。よいお返事を待っています。
（手紙研究サークル『四季おりおりの手紙全書』p.323）

　この場合も、Ｐを仮定する裏に−Ｐの含意のあるレバ節の性質が効いている。Ｐの成立が聞き手の意志に委ねられている場合は、話し手が一方的にＰを仮定するよりも、−Ｐの可能性も考えながら仮定したほうが相手の意志を尊重した丁寧な言い方になる。

［勧めの用法］
　勧めの用法でレバ節の方がふさわしい場合として、次の２つの場合が挙げられる。

(あ) 聞き手の現状を変えさせようとする場合

(35) ひらり　ねえ、戻ってくれば。
　　　明子　親方が心配してるってわかっただけでいい気分。つれ戻しに来るまで戻らないわ。
　　　ひらり　親方だってプライドあるもん、つれ戻しになんか来ないよ。
（＝(24)）

(36) ゆき子　久男、まだ寝てんのかしら。
　　　ひらり　ほっとけば、あんなヤツ。
（＝(25)）

(37) 一の瀬　「あわれな少年にプレッシャーをかけて……。」
　　　響子　「はあ？」
　　　一の瀬　「デートくらいすんなり行かせてやれば—？」
　　　響子　「あら…ネクタイ直してあげたのがいけないんですか？」
（高橋留美子『めぞん一刻⑤』p.143）

(38) **ゆき子** へえ……プロポーズ。
　　　みのり ホントは竜太先生がいいけど……。
　　　ひらり （ツンと）なら大事に<u>すれば</u>ァ。
　　　みのり 大事にしすぎて縮こまっちゃうのよ、アンタになんかわかりっこないわ。
　　　ひらり すぐそう言うけど……。
　　　　　　　　　　　　　　　　　　（内館牧子『ひらり 3』p.196）

(39) **みのり** （新聞を見ながら）芳美、ロシアの話と EC 統合の話とどっちがしゃれてる？
　　　芳　美 ンなことより、リンゴダイエットとか身近な話題から<u>入れば</u>。
　　　　　　　　　　　　　　　　　　（内館牧子『ひらり 3』p.21）

　相手に「P レバ？」と勧めることは、裏の意味として、「現在 P でない。だから Q でない」を伴う。「P でない」とは、単に「P をしていない」場合だけではなく、「P ではない動作 P' をしている」場合の可能性も含む。すなわち、白紙の状態から P という動作をするよう勧める場合と、P' という動作をしている状態から P をする状態へと変わることを勧める場合とが考えられる。タラ節との違いが出てくるのは、後者の場合である。

　(35)～(39) のすべての例において、「P レバ」は、すべて、聞き手が望ましくない帰結 − Q をもたらすような動作 P' を現在行っているような文脈で発せられたものである。たとえば、(35) は、「(聞き手が) 戻らずにいる」状況、(36) は、「(聞き手が) 久男に干渉しようとしている」状況、(37) は、「(聞き手が) 第三者を行きづらくしている」状況、といった具合である。

　「P タラ」を使った場合、「P' ではなくて P にすれば帰結は変わってくる」という裏の意味は出ないから、このような文脈では、「P レバ」が効果的である。もっと言えば、「どうして P' するの？　P すればいいのに」というニュアンスが「P レバ」にはある。

(い) 聞き手の願望を見越して是認する場合

(40) ひらり　結構裏で勉強してんだァ。
　　　竜　太　バカヤロ。ンな暇じゃねえよ。
　　　ひらり　ウソ。もうわかった。結構力士たちのこと愛してンだ。
　　　竜　太　お前なァ。怒るぞ。
　　　ひらり　いいじゃない。隠すことないよ。力士たちにそう<u>言えば</u>？
　　　　　　　　　　　　　　　　　　　（内館牧子『ひらり1』p.435）

(41) ひらり　[オ姉チャンハ]せっかく好きな人とつきあったのに何だかんだ言っては不幸の芽をさがしてクヨクヨするのが好きなのよ。不幸食べて生きてりゃいいわサ。こんな女に私の大事な人任せておけないからね、とるワッ。
　　　みのり　どうぞ。<u>とれば</u>。次がいるもん、私。
　　　　　　　　　　　　　　　　　　　（内館牧子『ひらり3』p.185）

(42) ひらり　どうするの、竜太先生。
　　　みのり　関係ないわ。別れたんだもん。
　　　ひらり　一回ちゃんと話せば。
　　　みのり　もうたくさん。ひらり<u>つきあえば</u>。
　　　ひらり　いいの？
　　　みのり　……どうぞ。
　　　　　　　　　　　　　　　　　　　（内館牧子『ひらり3』p.329）

(43) 完治　「がまんすることないよ。」
　　　さとみ　「!?」
　　　完治　「もっと自分の幸福にどん欲になってもいいんじゃない？ぶつかれよ、三上に思ってること全部ぶちまけて……」
　　　さとみ　「あ……ねえ、東京でも星は見えるのね、あれオリオン座だったっけ？」
　　　完治　「ほら、またがまんする。もう、がまんするのはやめろよ。」

さとみ　「………」
完治　「<u>泣いちゃえば？</u>　がまんしないで……　<u>泣いちゃえよ。</u>」
(柴門ふみ『東京ラブストーリー ②』p.110)

　これらの例において、「Ｐレバ」は、聞き手自身がＰという動作をしたがっているにもかかわらず、何らかの理由で聞き手はそれを実行に移さないでいる(と、少なくとも話し手には思える)、という文脈で発せられている。ここでも、「－Ｐレバ－Ｑ」という裏の意味が効いている。話し手は、「－ＰではなくてＰすればよいのに」と暗に言っているわけである。

4.2.　タラ節の方が適当な場合
　4.1. では、「－Ｐレバ－Ｑ」という裏の意味の存在がプラスに作用した結果、「Ｐレバ」が「Ｐタラ」よりもふさわしくなるような場面を考えた。この節では、逆に、この裏の意味があるがゆえに「Ｐレバ」が使いにくくなるような場面を考えることになる。
　4.1. にならって、願望の用法、勧めの用法のそれぞれについて、見ていくことにする。

[願望の用法]
　願望の用法では、収集したすべての用例において「Ｐレバ」の方が適切か、あるいは、同程度に適切であった。したがって、「Ｐタラ」の方が適切な例は見当たらなかった。
　これは、願望という心理作用が、実現していない出来事の実現を望むという営みであり、これは、まさに、先程から述べている「Ｐレバ」の裏の意味と符合するからだと思われる。

[勧めの用法]
　勧めの場面のうち、前節で述べた特殊なものを除けば、「Ｐタラ」の方を

使うことがふつうのようである。もっと言えば、勧めの用法の多くの場合について、レバ節を使うと、間違いとまでは行かないまでも、不要なニュアンスが出てきてしまうことが認められる。

(44) 慎平「それから……二週間くらいして、どこで聞いたのかわからないけど、突然、おれのマンションに来たんだ」
　　 誠　「マンションへ!?」
　　 慎平「せっかく来たものを、帰れとも言えないだろ？」
　　 誠　「それで、どうしたんだ？」
　　 慎平「だから……ま……<u>上がったら</u>って言ったんだ……。」
　　　　　　　　　　　　　　　　　（鎌田敏夫『男たちによろしく』p.11）

(45)〔藪沢家・夫婦の部屋（夜）〕
　　　　　着がえたりしている洋一、ゆき子。お互いに根本のことを気にしているがごくさり気なくふるまって。
　　 ゆき子　シャワー<u>使ったら</u>？
　　 洋一　　ああ。……しかし変わらんな、みんな。
　　　　　　　　　　　　　　　　　　　　　　　　　　　（＝(2)）

(46) みのり　そんなことないって。ま、ま、お茶でも飲も飲も。
　　 ゆき子　冷蔵庫にゼリーあるから<u>出したら</u>。
　　 ひらり　お母さんってすごいねえ。こんな時でもゼリーって言うもんねえ。
　　　　　　　　　　　　　　　　　　（内館牧子『ひらり2』p.272）

　上の3例は、すべて、白紙の状態で聞き手にPという動作を行うよう勧める場面である。「白紙の状態」とは、聞き手がPではない動作P'を行っていたり、Pを（本当はやりたいのに）やらずにいたり、といった、Pと対立する－Pがあらかじめ存在しない状態をいう。
　このような白紙の状態では、タラ節で勧めるのがふつうであり、レバ節を

使うと、特別な(多くの場合、不必要な)ニュアンスが生じる。
　たとえば、(44)で「上がれば」と言ったとすると、次の(47)あるいは(48)のような余計なニュアンスを伴ってしまう(このニュアンスの生じる理由は、前節で述べた)。

　　(47) 遠慮せずに上がればいいのに。
　　(48) 上がりたければ、上がればよい。

5. まとめ

　本章では、タラ節・レバ形による「言いさし文」の用法を、接続用法(「完全文」の用法)と関連づけて記述した。その過程で、統語的に不完全な文がどうして談話レベルではまったく完全な文として解釈されるのか、また、「言いさし文」にすることによって、条件用法とは一見関係がないように見える願望・勧めという用法がなぜ生まれるのか、ということの説明を試みた。
　まとめの意味で、各節ごとの要点を抜き書き的に繰り返しておく。

① 「S_1 タラ」による言いさし
　・聞き手不在発話では、「願望」「危惧」を、聞き手存在発話では、「勧め」を表す。
　・欠けているタラ節の帰結が問題になっているのではない。話し手は、タラ節の内容を想定しているだけであり、結果的に、タラ節の内容の実現それ自体に対しての話し手の評価的感情−良い・悪い−を表出している。
　・「勧め」の用法は、「願望」の用法(＝表出)が聞き手に持ちかけられて、働きかけに移行したものである。

② 「S_1 レバ」による言いさし
　・聞き手不在発話では、「願望」を、聞き手存在発話では、「勧め」を表す。
　・「S_1 レバ」は、望ましい帰結 S_2 をもたらす条件として話し手が導き出したものである。

- S_2 は、文脈情報を手がかりに具体的な命題の形で復元できる場合もあれば、何か「望ましいコト」の存在が抽象的に暗示されるのみの場合もある。
- 「聞き手がやろうと思えばできる動作をするということ（＝S_1）を望ましい帰結（＝S_2）をもたらす条件として持ちかける」と、「勧め」になる。

③タラ節とレバ節の使い分け
- レバ節の方が適当な場合
    (あ)反実仮想の願望
    (い)相手の意志に配慮した願望
    (う)聞き手の現状を変えようとする勧め
    (え)聞き手の願望を見越して是認する勧め
- タラ節の方が適当な場合
    (お)白紙の状態で聞き手に動作を行うよう勧める場合

第1部のまとめ

　従属節による「言いさし文」が、文を中途で言いさしたものではなく、そこで言い終わっている文であるということを明らかにするべく、まず、この第1部では、ほかの事態との関係づけに依存せずに従属節のみで言いたいことを言い尽くしている言い尽くしの「言いさし文」について考察した。
　第1部で考察したのは、ケド節、カラ節、タラ節・レバ節である。
　ケド節の談話機能は、聞き手の認識に何らかの改変を促すような参照情報を提示することである。与えられた情報を前提にした判断は聞き手に委ねられているが、「認識がそれでよいか確認せよ」との話し手の聞き手に対する働きかけの態度がケド節によって明示されている。そのためにケド節を発話しただけで完結性が生じる。
　カラ節の談話機能は、聞き手の何らかの行為を見越して、その行為の実行にあたって参照すべき前提情報を提示することである。新情報を聞き手の知識の中に導入することによって、それ以前の段階では聞き手が実行に移せなかった行為が実行可能な状況になる。提示された前提情報を踏まえてどうするかという判断は、ケドと同様、聞き手に委ねられるが、話し手の言いたいことは、従属節のみで言い尽くされる。
　タラ節・レバ節は、条件節の内容を想定することにより、節の内容の実現それ自体に対しての話し手の評価的感情を表出している。その評価的態度の「願望」が聞き手に対して持ちかけられた場合に、「勧め」という働きかけの表現に移行する。
　第1部の結論をまとめると、次のとおりである。
　①言い尽くしの「言いさし文」においては、節の内容が聞き手に持ちかけられ、帰結は聞き手の判断に委ねられるために完結性が生じる。
　②言い尽くしの「言いさし文」は、聞き手に認識を改めさせたり、何らかの行動をするよう促したりするという、話し手の対人的な態度を表す。

第2部

関係づけの「言いさし文」

第1部では、言い尽くしの「言いさし文」について考えた。第2部では、「言いさし文」のもう一方のタイプである関係づけの「言いさし文」について考察を加える。

　関係づけによる「言いさし文」には、カラ節・ノニ節で言い終わったもの、シ節で言い終わったもの、そして、テ形節で言い終わったものがある。

　第2部の目的は、第1部と同様に、それぞれの従属節について次の2点を明らかにすることである。

　①「言いさし文」が独立文と同等の完結性を持つのはなぜか。
　②「言いさし文」はどのような機能を持つか。

　まず、第4章では、カラ節による関係づけについて考察する。カラ節については、第1部第2章でも考察したが、対象は言い尽くしのタイプであった。この第2部で対象にする関係づけのタイプは、それとは言い終わりの仕組みが異なる。なお、カラ節による関係づけを論じる際には「からだ」との比較が必要不可欠である。そのため、第4章では「からだ」の記述にもかなりの紙幅を割いている。

　次に、第5章では、シ節による関係づけについて考察する。先行する文に後追い的に関係づけられるような用法や、シ節と関係づけるべき文が文脈上に見当たらないような用法が「完全文」におけるシ節の用法と同じ原理で説明される。

　最後に、第6章では、テ形節による関係づけについて考察する。テ形節による「言いさし文」には、関係づけのタイプのほかに、言い尽くしのタイプも存在する。従属節による「言いさし文」の各論に相当する第1部・第2部の末尾を占める第6章では、各論の締め括りの意味も込めて、関係づけのタイプも含めたテ形による「言いさし文」の全体像を示す。

　なお、ノニ節による「言いさし文」については、第4章において、カラ節の説明に必要な限りにおいて扱うに留めることとし、第2部で詳述することはしない。

第4章
カラ節による関係づけ

1. はじめに

　原因・理由を表す接続助詞「から」は、従属節を形づくって主文へと続くが、次の例に示すように、主文を言わずに、従属節単独で、原因・理由を述べる言い方(すなわち、カラ節による「言いさし文」)もある。

(1) こずえ　「手を握りたいとか…腕を組みたいとか…思いません？」
　　三鷹　　「そりゃまあ…」
　　こずえ　「あ、いつもやってるのか。」
　　三鷹　　「そうでもないよ。」
　　こずえ　「なんでやらないんですかっ!?」
　　三鷹　　「拒否されるのがこわい<u>から</u>。」
　　　　　　　　　　　　(高橋留美子『めぞん一刻⑤』p.151)

　一方、「から」を使って原因・理由のみを述べる言い方には、もう1つあって、「だ」を付加して「からだ」という形で言うこともできる。

(2) 律子　「どうして私が自分を卑下するのかしら？」
　　謙作　「あのことがあった<u>からだ</u>。」
　　律子　「あのことって、中絶？」
　　謙作　「中絶もだ。」
　　　　　　　　　　　　(山田太一『岸辺のアルバム』p.309)

「から」と「からだ」は、「だ」のあるなしが違うだけで、一見、言い換え可能な表現であるかのように見える。事実、上の(1)において「から」を「からだ」に換えて言うことは可能であるし、また、(2)においては「からだ」を「から」に言い換えることもできる。

 (1') こずえ　「なんでやらないんですかっ!?」
   三鷹　「拒否されるのがこわい<u>からだ</u>。」
 (2') 律子　「どうして私が自分を卑下するのかしら？」
   謙作　「あのことがあった<u>から</u>。」

　しかし、個々の事例に当たって確かめると、このような言い換えが不可能である場合も多い。

 (3) 謙作　「一本、付き合うぞ。」
   則子　「無理にいいわよ。」
   謙作　「あとあといわれる<u>から</u>な。」
   則子　「いわないわ。」
           （山田太一『岸辺のアルバム』p.95）
 (4) 中年の支配人　「落ち着くんだ。暴れなきゃなんにもしない。」
   繁　「いきなり殴るなんて、ひどいじゃないですか。」
   中年の支配人　「大声を出した<u>からだ</u>。頭をひやしたんだ。」
           （山田太一『岸辺のアルバム』p.140）

(3)の「から」、(4)の「からだ」を、それぞれ、「からだ」、「から」に置き換えると、おかしな文になる。

 (3') 謙作　「一本、付き合うぞ。」
   則子　「無理にいいわよ。」

　　　　　謙作「♯あとあといわれる<u>からだ</u>。」
(4') 繁「いきなり殴るなんて、ひどいじゃないですか。」
　　　中年の支配人「？大声を出した<u>から</u>。頭をひやしたんだ。」

　このように、「から」と「からだ」は、その表現価値が異なり、単純に「だ」の有無によるバリエーションと考えることは不適切である。
　それでは、「から」と「からだ」は、どう違うのか。
　今までの研究では、「のだ」との対比という観点から「からだ」の使い方が論じられることはあったが、「から」と「からだ」の違いについて論じた研究は、わたくしの知る限りでは、見当たらない。
　そこで、本章では、主として話し言葉の実例に基づいて、「から」と「からだ」の用法の違いについて考えてみる。両者が同じく原因・理由を表すにしても、どのような状況でどちらの表現が用いられるのか。そして、それぞれの談話機能は、どんなものか。具体的な使用場面を観察することによって、これらの疑問を解決したい。
　なお、次のような終助詞「さ」「よ」は、「だ」と同様に断定の意味を含むと解釈して、「からだ」に準じた扱いをする。

(5) 律子「どうして、そんな嫌らしいことというのかしら？」
　　堀「事実だ<u>から</u>さ。」
　　　　　　　　　　　　　　　　　　（山田太一『岸辺のアルバム』p.218)
(6) 良介「口から出任せ言うたんか？」
　　桃子「そんなことないわよ。」
　　良介「じゃ、どうして忘れていいなんて言うんや。」
　　桃子「おっちゃんが、料理も喉を通らんって顔をしてる<u>から</u>よ。」
　　良介「そんな顔してない！」
　　　　　　　　　　　　　　　　　　（鎌田敏夫『男女7人秋物語』p.192)

また、同様に、「から」に「だろう」「かもしれない」などの陳述緩和の表現が後接した場合も、「からだ」構文の変種として考える。

2.「からだ」の使用条件－久野説の検討－

「から」による「言いさし文」(倒置的に直前の文を補足する文は除く)で、かつ、原因・理由を述べている文の用例を観察してみると、「からだ」で言い換えが効かないものが圧倒的に多いことに気づく。

参考までに、シナリオやマンガを対象にした筆者の調査の結果を示すと、該当する例文200例のうち、「からだ」に言い換え可能なものは、35例にすぎなかった。これは、「から」による「言いさし文」で理由を述べる文の約83％が「から」でしか言えないことを示している。

さて、どういう条件下において、「から」では言えるが「からだ」では言えない理由文になるかについては、部分的には、先行研究の仮説によって説明することが可能である。

久野(1973:148)は、「のだ」についての説明の過程で、次のような一般化を提案している。

> (7)「ノデス」が説明せんとする事象は、先行文として言語化されてなくてもよい。たとえば、話し手が身仕度をしていること、元気がないことのようなシチュエイション自体が、「ノデス」の説明の対象になり得る。他方、「カラデス」が説明せんとする事象は文として言語化されたものでなければならず、しかも、その文は、そのままのかたちで、「S_1ノハ…カラデス」の S_1 として用い得るものでなければならない。

確かに、この一般化で説明できるものも、ある。たとえば、次のように「から」を使った実例で考えてみよう。

2.「からだ」の使用条件－久野説の検討－

(8) ●久美子のアパート・廊下
　　久美子「(帰って来て、ドキリとする。しかし、すぐほっとする)」
　　香織　「(久美子の部屋の前にいて、微笑し)事務所かけたら、もう出たっていう<u>から</u>(手にケーキの箱を持っている)」
　　　　　　　　　　　　　　　(山田太一『想い出づくり』p.72)

(9) 美樹「ね、出よう？」
　　良介「え？」
　　美樹「昔の男が入ってきたの。」
　　良介「え？」
　　美樹「ほかの女と結婚した男の顔を見ても仕方ない<u>から</u>。」
　　　　　　　　　　　　　　　(鎌田敏夫『男女7人秋物語』p.51)

(10) 典夫「あけとく？」
　　香織「いいわ、閉めて。のぞかれるの、いやだ<u>から</u>。」
　　　　　　　　　　　　　　　(山田太一『想い出づくり』p.104)

(11) 健一「じゃあ。」
　　陽子「大変ね。一晩中。」
　　健一「ううん。少しは仮眠する<u>から</u>。」
　　　　　　　　　　　　　　　(山田太一『ふぞろいの林檎たち』p.171)

　上の3つの例のいずれにおいても、「から」を「からだ」で置き換えると、非文を生じるが、それは、(7)の一般化が首尾よく予測するところである。すなわち、(8)においては、説明の対象となっている事態(=「香織が久美子のアパートで待っていたこと」)が言語化されていないからであり、また、(9)～(11)においては、まったく言語化されていないわけではないが、「そのままのかたちで、『S₁ノハ…カラデス』のS₁として用い得るもの」ではないからである。

　しかし、(7)の一般化では説明できない例も多い。たとえば、次のような例においては、説明の対象となっている事象がまったく言語化されていない

99

にもかかわらず、「からだ」を許している。

(12)　　良介の双眼鏡が、一枝をとらえる。
　　　良介　「おれ、あの髪の長いのがいい……待て、背の大きいのも可愛い顔をしてるで……もう一人は、望遠鏡で見てるから分からん……ライトスタンドには花が咲いてる！」
　　　俊行　「貸せ！貸せ！」
　　　貞九郎「おれに貸してよ！」
　　　俊行　「ちょっと、待て！」
　　　貞九郎「おれが先なの！」
　　　　と、言っているうちに、双眼鏡の紐を切ってしまう。
　　　良介　「あ、借りもんやぞ。」
　　　俊行　「……。」
　　　貞九郎「……。」
　　　良介　「怖い顔したおっちゃんやったぞ、それ持ってたの。」
　　　俊行　「お前が引っ張るからだよ。」
　　　貞九郎「お前が離さないからだ。」
　　　　　　　　　　　　　　（鎌田敏夫『男女７人秋物語』p.26）

(13)　　公平と京子、コタツに入り、黙って碁盤に向かっている。
　　　　黒石白石、互角の勝負である。
　　　　公平、石をピシッと打ち、京子を見る。京子、公平をみつめ、倖せそうに目を細め、おもむろに石を打ち返す。
　　　　公平、京子の様子をまじまじと見る。京子、顔を上げて、
　　　京子　「……どうかなさいました？」
　　　公平　「……不思議だからさ……。」
　　　　　　　　　　　　　　（池端俊策『並木家の人々』p.208）

(14)　●台所
　　　　四人の夕食である。

2. 「からだ」の使用条件－久野説の検討－

則子 「ほんとかしらっていってるの、お母さんは(と笑いの声でいう)」
謙作 「ほんとさ。そりゃもう日本にいたら想像もつかない土地なんだ。雨が降りだしたら、とめどがない。国土の三分の二を水がおおって、海と川の区別もつかなくなっちゃうっていうんだから、すごいよ。それ見越して道路が高くなってる。だから、洪水になると、みんな道路へ逃げるんだ。あとは水だらけだ。」
則子 「久しぶりだわ、ダッカの話。」
謙作 「お前たちが本気で聞こうとしない<u>からだ</u>よ。」
(山田太一『岸辺のアルバム』p.245)

(12)～(14)において、「からだ」の理由文の説明の対象となっている事態は、言語化するとしたら、それぞれ、次のようなコトだろう。

(12') 「双眼鏡の紐が切れた」コト
(13') 「(自分が)京子の様子をまじまじと見た」コト
(14') 「(自分が)ダッカの話を久しくしなかった」コト

これらのコトは、言語化しようと思えば、このままの形で「S_1ノハ S_2 カラダ」という構文の S_1 の部分に埋め込むことができる。たとえば、(12)の当該箇所は、くだくだしく言うならば、(12")のような文になる。

(12") 俊行「<u>双眼鏡の紐が切れたのは</u>、お前が引っ張るからだよ。」

話し手・聞き手にとって、傍線部の内容は文脈から明らかだから、わざわざ言わないわけである。
　これは、裏を返せば、話し手・聞き手にとって、「S_1ノハ」の部分が文脈から了解できる場合には、この部分をいちいち言語化する必要はなく、「S_2

「カラダ」のみで済ますことができる、ということを示唆している。つまり、(7)に引用した久野の仮説では、「からだ」の使用条件の制限がきつ過ぎる、ということになる。

その一方で、久野の仮説では「からだ」の使用条件の制限が甘いと思わざるをえないような現象もある。

たとえば、次のような例においては、(7)の条件を満たしているにもかかわらず、「からだ」を使うことはできない。

(15) 宮部 「多少、よろしいですか？」
　　 謙作 「ああ、大分よくなった(空元気)。」
　　 宮部 「そうですか。」
　　 謙作 「一時はあんた、腰をえぐられてるようでね。」
　　 宮部 「怖いもんですねえ。」
　　 謙作 「しかし、内臓じゃなくてホッとしてるよ。」
　　 宮部 「のんでます<u>から</u>ねえ、部長も。」
　　 謙作 「胃や肝臓でいつか倒れるんじゃないかと思っていたが。」
　　　　　　　　　　　　　　(山田太一『岸辺のアルバム』p.303)

(16) ●健一の車の中
　　 健一 「……(運転している)。」
　　 陽子 「(健一の横で)なんだか」
　　 健一 「うん？」
　　 陽子 「変な道行くのね。」
　　 健一 「ああ。だって、高速で帰るんじゃ、面白くねえ<u>から</u>。」
　　　　　　　　　　　　　(山田太一『ふぞろいの林檎たち』p.152)

(17) 時枝 「浮気してる？」
　　 則子 「(不意をつかれ)誰？」
　　 時枝 「奥さんよ。」
　　 則子 「やあねえ(苦笑)してないわ。」

時枝 「しなさいよ。年とって後悔する<u>から</u>」
則子 「バカなこといわないで。」
時枝 「臆病だ<u>から</u>な。」
則子 「そんなことないわ。」

(山田太一『岸辺のアルバム』p.37)

(15)〜(17)においては、いずれの場合も、説明の対象になっている事態が言語化されている。

(15') 「(部長ガ)内臓でなくてホッとしている」コト
(16') 「(自分ガ)変な道を行く」コト
(17') 「(則子ガ)浮気してない」コト

しかし、いずれの場合も、「から」を「からだ」で置き換えると、おかしな文になってしまう。

以上の議論でわかるように、久野(1973)の一般化では、「からだ」の使用条件について、過不足なく説明することができない。

3. 「からだ」を積極的に使うのはどんな場合か？

前節では、「からだ」の使用条件について、制限という方向から考えてみた。すなわち、S_1 が S_2(必ずしも明示的に言語化されていなくてもよい)の理由の説明になっているからといって、「S_1 カラダ」という表現が無制限に使えるわけではない、ということを、久野説を手がかりに考察した。

この節では、逆に、「カラダ」が積極的に使われるのはどういう場合か、という方向から考える。

3.1. 「なぜ？」という質問に対する応答

最もわかりやすい、そして、典型的な用法だと思われるのは、「なぜ」「ど

うして」やそれに類する表現によって相手から質問されたときの応答として発話される場合である。

　わたくしの観察によると、「なぜ？」という問いに対する応答には、普通は、「からだ」を使うようである。以下に例を挙げる。

(18) 謙作　「お母さんに電話をするそうじゃないか！」
　　　繁　「……。」
　　　謙作　「毎日毎日電話をして、くだらないことを聞くそうじゃないか！」
　　　繁　「……。」
　　　謙作　「<u>何故</u>そんな事をする？<u>何故</u>そんなバカな事をするんだ！」
　　　繁　「聞くことが（口の中でいう）」
　　　謙作　「なんだと？」
　　　繁　「聞きたいことがあった<u>からだ</u>よ。」
　　　謙作　「屋根の瓦の数を何故電話で聞く必要があるんだ！」
　　　繁　「……。」
　　　　　　　　　　　　　　　（山田太一『岸辺のアルバム』p.158）

(19) のぶ代　「（目を伏せていて）私がチアガールをはじめた時、そんなもんでエネルギーを発揮するのはつまらない、俺と結婚して商売で発揮しなさい、そうすりゃ、なんぼか面白いって言ったじゃないですか（と終わりはにらむ）」
　　　二郎　「発揮すりゃいい、なんぼでも発揮すりゃいい。但し俺の管轄の範囲で、ということだ。」
　　　のぶ代　「<u>なんで</u>、管轄の範囲なんですか？」
　　　二郎　「お前は思ったより我が強くて、ほっときゃあ、何すっか分からねえ<u>からだ</u>。」
　　　　　　　　　　　　　　　（山田太一『想い出づくり』p.275）

(20) 俊行　「（声をひそめて）おい……。」

104

3. 「からだ」を積極的に使うのはどんな場合か？

  貞九郎 「何だ？」
  俊行 「（台所の方を指して）休みの日に、浦和から、わざわざ来たのか？」
    波子の軽快な歌声が聞こえている。
  貞九郎 「うん……。」
  俊行 「どういうことだ？」
  貞九郎 「おれに、料理を食わせて帰るんだって……。」
  俊行 「そんなことのために、<u>どうして</u>、あの人が浦和からわざわざ出てくるの？（信じられない顔）」
  貞九郎 「どうしてって……おれのことが好きだ<u>からじゃないか</u>。」
  俊行 「信じられる、そんなこと？」
         （鎌田敏夫『男女7人秋物語』p.228）

「なぜ？」という問題は、聞き手からの質問という形で提出されなくてもよい。次のように、話し手自身が問題設定をして、自分で答える場合もある。

 (21) 則子 「怒り方が大人じゃないのよ。ムキになって怒っちゃうのよ。」
    繁 「いいじゃないか。」
    則子 「やんわり釘さすような事いえないのよ。」
    繁 「誰だってそうさ。」
    則子 「<u>何故だと思う</u>？　いろんな人とつき合ってない<u>からなのよ</u>。だから人に慣れてないのよ。」
            （山田太一『岸辺のアルバム』p.6）

 さて、「なぜ？」という問いには、普通は「からだ」で答える、と言ったが、もう一歩踏み込んで言えば、「なぜ？」と聞かれて「から」で答えるとおかしくなる場合が少なくない。
 次の例は、ある日本語の教科書から引用した例文（「から」を導入してい

る課)だが、わたくしの直観では、原文で使われている「から」はおかしく、「からだ」と言わなければどうにも座りが悪い。

(22) <u>どうして</u>　会社を　休みましたか。
　　　…熱が　ありました<u>から</u>。

(『新日本語の基礎Ⅰ』第9課)

3.2. 非明示的な問題設定に対する説明

「からだ」を使うのは、「なぜ？」という明示的な問題設定に答える場合が典型的である(そして、わかりやすい)が、明示的に問題設定がなされていなくても、理由(原因)の判断(あるいは同定)を要する事態が存在する(あるいは出来した)ことが状況から理解できる場合は、いちいち「なぜ～のか？」のような明示的な問題設定をしなくても、「からだ」を使うのが普通である。

非明示的な問題設定が比較的読み取りやすいものから、観察してみよう。

(23) 良雄　「今夜、あの人呼んであるんだ。」
　　　修一　「え？」
　　　良雄　「あんたのために呼んだんじゃない。あのひと——見ちゃいられない<u>からだ</u>。」

(山田太一『ふぞろいの林檎たち』p.554)

(24) 律子　「私、処女。でも、臆病だったり、御清潔だったり、計算したりして、そうなんじゃないの。気に入る相手がいない<u>からなの</u>。」

(山田太一『岸辺のアルバム』p.126)

(23)(24)は、言語的な文脈の流れから、「からだ」の文を発話した時点での非明示的な問題設定を読み取ることができる。念のために、「からだ」に対応する問題設定を明示的に示すならば、それぞれ、(23')(24')のようになろう。

3.「からだ」を積極的に使うのはどんな場合か？

  (23')（ソレデハ、）「なぜ、呼んだのか」
  (24')（ソレデハ、）「なぜ、処女なのか」

これらは、「からだ」の文を発話する直前の段階における、未解決（かつ、要解決）の問題である。
 次に、非言語的な状況に全面的に依存した問題設定の例を観察してみる。

 (25) 俊行 「貸せ！ 貸せ！」
   貞九郎 「おれに貸してよ！」
   俊行 「ちょっと、待て！」
   貞九郎 「おれが先なの！」
    と、言っているうちに、双眼鏡の紐を切ってしまう。
   良介 「あ、借りもんやぞ。」
   俊行 「……。」
   貞九郎 「……。」
   良介 「怖い顔したおっちゃんやったぞ、それ持ってたの。」
   俊行 「お前が引っ張る<u>からだ</u>よ。」
   貞九郎 「お前が離さない<u>からだ</u>。」
               （＝(12)）

(25)において、「からだ」の理由文が答えている問題は、非言語的文脈から、「なぜ、双眼鏡の紐が切れてしまったか」という問題であることは、明らかである。それは、その場面に居合わせている人々にとっては、「借り物の双眼鏡の紐が切れる」ということが、不測の事態であり、その事態が出来した時点で既に「なぜそういうことになったか」という問題に解決を与えることが、関心事になるからである。
 次の例も、同様である。

(26) 中年の支配人 「落ち着くんだ。暴れなきゃなんにもしない。」
　　　 繁　　　　 「いきなり殴るなんて、ひどいじゃないですか。」
　　　 中年の支配人 「大声を出した<u>から</u>だ。頭をひやしたんだ。」
(=(4))

　なぜ、非明示的でない問題設定を読み取ることができるかというのは、おもしろいけれども厄介な問題である。おそらく、人間がどんな事態に遭遇したときに理由(原因)を突き止めたがるか(あるいは、確認したがるか)、という問題に直結するのであろう。これは、もはや、文法の守備範囲外のことなので、深入りは避ける。

3.3. 理由についての Yes-No 疑問文

　3.1. および 3.2. では、問題設定(理由についての問い)に対する解答として使われた「からだ」について見たが、「からだ」は、理由(問題設定に対する解答部分)を Yes-No 疑問文の形で聞き手に問いかける場合にも用いられる。

(27) 香織 「どうして？(目を伏せたままいう)」
　　　 松永 「う？」
　　　 香織 「どうして課長さん、私が、ああいう質問したのに、結婚すすめるんですか？」
　　　 松永 「……ああ。(そういえばそうだな)」
　　　 香織 「やっぱり、女は結婚しかないんだと思ってる<u>から</u>ですか？」
(山田太一『想い出づくり』p.89)

　(27)の成り立ちは、基本的には、3.1. で見た「問題設定に対する解答」と同じように説明できる。すなわち、疑問文になってはいるが、その疑問は、次のような命題の成否を問うものだからである。

(27')「課長が結婚をすすめる」ノハ、「女は結婚しないんだと思っている」カラダ。

ただし、疑問文の場合、「からだ」と「から」の対立は、わかりにくい。というのは、(27)の場合は、文末が丁寧体だったので「だ」(正確に言えば、その文体的な変種の「です」)が現れたが、普通体の談話で用いられる場合は、「だ」が表面に現れることはできず、一見したところ、ただの「から」との対立がなくなるからである。

(28) 則子「<u>どうして</u>そんなにのむの？　本当にのまなきゃ仕事にならないの？　のめない人はどうするの？　のませて自分は、のまなければいいのよ。それとも発散しない<u>から</u>？　仕事のストレスが消えない<u>から</u>？　それなら家でのんで下さい。」

(山田太一『岸辺のアルバム』p.223)

(28)の「から」は、表面的には、「から」と「からだ」のいずれに分類すべきか判断が難しいが、意味・機能的には、「からだ」の変種と判定するのが妥当である。なぜならば、(28)の談話を丁寧体で表現すれば次に示すように、潜在していた「だ」が生じるからである。

(28') それとも発散しない<u>から</u>ですか？　仕事のストレスが消えない<u>から</u>ですか？

以上、3.1.から3.3.まで、3つの場合に分けて、「からだ」がどんな場合に積極的に使われるかを考えてきた。
　3つの場合を通じて言えるのは、次のようなことである。

(29)「からだ」を使う状況：
① 理由(原因)についての判断(同定・確認)を要する事態の存在が言語的・非言語的文脈から明らかなときに、
② 設定された問題の解答の文として、使う。

4. 「から」による理由の説明

3.では、「からだ」による理由の説明のしかたが明らかになった。一口で言えば、「からだ」の理由文を用いる場合には、発話する直前の文脈(言語的・非言語的)によって、「なぜS_2なのか？」という問題設定がなされており、それに対する解答として、「S_1カラダ」という発話がなされるわけである。

これは、言ってみれば、「理由の説明」とは何か、という問に対する「コロンブスの卵」的な答えである。

しかし、当たり前のように見えることではあるけれども、「理由の説明」とはそもそも何か、と問うことは、「から」と「からだ」の違いを考える上で、避けて通れない作業だと考えられる。というのは、両者の使い分けが問題になるということは、暗黙の前提として、両者が同じように「理由の説明」をしていると考えられているためだと考えられるからである。

「から」も「からだ」も、双方とも「理由の説明」をしているにせよ、その「説明」のしかたには、どこか違ったところはないのだろうか。

そこで、この節では、前節での結果を踏まえて、「から」が「からだ」と同じような意味で「理由の説明」をしているのかどうかを検討することにする。

その過程で、「からだ」による「理由の説明」の性質も、より鮮明になってくると期待される。

4.1. 自己納得的な「から」

典型的な「からだ」の用法から最も隔たった「から」の用法は、次のような自己納得的な「から」である。

4. 「から」による理由の説明

(30) 耕作「お父さん亡くなって、あと大変だね。」
　　 律子「急だった<u>から</u>、どこ引っ越したらいいかも、ゼンゼン決まってないし。」
　　 耕作「金物屋、たたむの？」
　　 律子「あの土地売らなきゃ、ケッキョク、相続税が払えないみたい。」
　　 耕作「相続税かァ、新宿の一等地<u>から</u>なァ。」
　　　　　　　　　　　　　　　　（市川森一『夢帰行』p.150）

(31) 正樹「あのめぐみちゃんが……。」
　　 慎平「うちでの態度も、少しおかしくなっているそうなんだ……。」
　　 正樹「難しい年頃<u>から</u>な……。」
　　 慎平「あいつがグレるなんて、思いもしなかった……。」
　　　　　　　　　　　　　　　（鎌田敏夫『男たちによろしく』p.110）

(32) 時枝「自炊はどう？外食より、お金かかってんじゃない？」
　　 栄介「章ちゃんが、上手くやってくれてるよ。」
　　 時枝「……そう。あの人、意外とケチそうだ<u>から</u>ね。」
　　　　　　　　　　　　　　　　（市川森一『黄色い涙』p.128）

(33) 謙作「いや、我ながら不粋な話だが、本当をいうと、趣味なんてものに興味がない。正直、早く元気になって仕事がしたいんだねえ。」
　　 宮部「部長、若い<u>から</u>なあ。」
　　 謙作「結局仕事しかないんだ。」
　　 宮部「昭和ヒトケタ。（苦笑）」
　　　　　　　　　　　　　　　　（山田太一『岸辺のアルバム』p.313）

　(30)〜(33)において、「から」の文は、いずれも、直前の聞き手の発言を承けて、その内容について、既に自分の頭の中にある背景的な知識に照らし合わせて原因・理由の存在を確認し、納得していることを示すものである。

ところで、前述のとおり、原因・理由とその帰結の関係は、「S_2 ノハ S_1 カラダ」という構文でも言い表すことができる。この構文を使って(30)〜(33)の「S_1 カラ」の文の背景にある事実関係を言い表そうとすると、それぞれ、次のようになろう。

（30'）「土地を売らなければ相続税が払えない」ノハ「新宿の一等地だ」カラダ。
（31'）「家での態度が少しおかしくなっている」ノハ「難しい年頃だ」カラダ。
（32'）「章一がうまくに自炊をやっている」ノハ「意外とケチ（そう）だ」カラダ。
（33'）「部長が早く元気になって仕事がしたい」ノハ「部長が若い」カラダ。

しかし、元の例文において、仮に上の言い換えのような形で「から」を「からだ」で言ったとしたらおかしな文が生じる。少なくとも、元の文脈の中では、座りが悪い。

その原因は、「背景的な知識に照らし合わせて、納得する」という情報処理のプロセスにある。すなわち、上の(30)〜(33)において、「から」の理由文は、理由を同定すること自体を目的とした表現形式ではない、ということである。このことは、(30')〜(33')の「からだ」の文（もちろん、「〜ノハ」の部分は除外して考える）と比較するとよくわかる。これらの文で行われているのは、まさに、理由の同定そのものである。

確認のために繰り返すと、ここで言う「納得」というプロセスは、因果関係についての新たな判断ないしは認識を伴わない。あくまでも、聞き手から得た S_2 という情報内容を既獲得の知識（その中に S_1 という情報内容も含まれる）と照らし合わせて、「S_1 カラ S_2」という因果関係の中に位置づけられることをチェックしているだけである。すわわち、S_2 という情報内容に接

しての「S₁カラ。」という発話の意味は、おおよそ次のようなものだと考えられる。

(34)「S₂という情報内容は、S₁という既に明らかな事実の存在を考えるとそれの自然な帰結として納得が行く(=「どうしてそうなのか」ということは問題にならない)」

自己納得的な「から」の類例を以下に挙げておく。

(35) 耕作　「美味いッ。」
　　　ともみ　「おいしいネ。」
　　　耕作　「今日はよく働いたから。」
　　　ともみ　「お腹空いてると何でもおいしい。」
　　　耕作　「いや、料理、上手だよ。」
　　　ともみ：田舎料理は得意なんや。もともと百姓の娘やから。」
　　　　　　　　　　　　　　　　　　（市川森一『夢帰行』p.201）

(36) 健一　「まあ自宅の［電話］番号を教えたくないってェのも分かんなくはない。」
　　　実　「そうよ。すぐ、こういうのがかけるからな。」
　　　　　　　　　　　　　　　　（山田太一『ふぞろいの林檎たち』p.39）

(37) ［衣装ケースの整理をしながら］
　　　響子　「あら…うわー、高校の制服……。（と、ケースから制服を取り出す）」
　　　　　　「持ってきてたんだ……惣一郎さんと会った頃の思い出の服だから……。」
　　　　　　　　　　　　　　　　（高橋留美子『めぞん一刻 5』p.170）

上の例のうち、(37)は、独話場面における用例である。このように、「S₁

カラ S_2」の S_2 の内容は直前の聞き手の発言によって与えられているものであるとは限らない。だから、もっと一般的に言うならば、言語的・非言語的文脈において、新たに出来した事態と言ったほうがよいかもしれない。

4.2.「から」と「のに」

　背景的な知識に照らし合わせて納得することを表すカラ節の談話機能は、次のようなノニ節による「言いさし文」と対照させて捉えることで、さらに深く理解できる。

(38)［亡夫の命日に墓参した響子が涙ながらに墓に語りかけているのを陰から見て］
　　五代（心内発話）「忘れてないんだまだ……4年もたった<u>のに</u>……」
　　　　　　　　　　　　　　　　　　　　（高橋留美子『めぞん一刻⑧』p.87）

ノニによる「言いさし文」については、前田(1996)に的確な記述がある。前田(1996:161)は、(39)のような実例をいくつか挙げた上で、ノニの非従属的な用法（ここでいう「言いさし文」）の談話の中での位置づけと意味について、(40)のように述べている。

(39)「自分の子供に愛情がないのか」「赤ん坊って、あまり好きじゃないっていったでしょう」信吉は眼をむいた。「自分が生んだ赤ん坊な<u>のに</u>……」
　　　　　　　　　　　　　　　　　　　　　　　　　　　（午後の恋人）
(40)こうした終助詞的なノニは、文脈上先行し省略されている後件に対して、阻害要因となる事態を提示する。そして、その阻害要因があるにも関わらず結果（後件）が生じていることに対して、話者の意外感・驚き・呆れ・恐縮感などを表すのが終助詞的なノニの意味である。

後件が省略されているとの分析の当否はさておき、ここで支持すべき要点は、ノニ節で表された事態を文脈上に既に存在するほかの事態と関係づけて提示していること、および、その関係づけにある種の評価的な感情が伴っていることである。評価の対象はノニ節によって関係づけられた先である既定の事態であり、その評価は、その既定の事態をノニ節で表された事態と照らし合わせて認識した結果下されたものである。

重要なことは、ノニ節に対応する主節が復元できることではなく、ノニ節で関係づけられるべき事態が既に文脈上に存在し、どういう事態に対してノニ節の発話が向けられているかが聞き手にとって容易に解釈できることである。

カラ節による「言いさし文」がある事態をもっともなこととして認識する話し手の態度を表すことと、ノニ節による「言いさし文」がある事態を意外なこととして認識する態度を表すこととは、事態の受け止め方をめぐって対照的と言える。

4.3. 聞き手の自己納得を誘発する「から」

「S_1 カラ。」という表現は、話し手自身の自己納得を表す、いわば、自己完結的なものばかりでなく、それが聞き手に向けられることによって、聞き手の自己納得を誘発する表現としても使われる。

たとえば、次の例を観察されたい。

(41) 旅館の主人 「しかし、屋根が飛ぶとはねえ」
　　　味噌屋の夫人 「古い倉庫ですから」

(NHK 総合テレビ「かりん」1993.10.26 放映)

(41)において、旅館の主人は、屋根が飛んだことに意外感を表明してはいるものの、話し手・聞き手の間で「なぜS_2なのか？」(ここでは、「なぜ屋根が飛ぶなどということが起こったのか」)という問題設定がされているわけ

ではない。味噌屋の夫人が「S_1 カラ。」という文を発話したのは、S_1（=「古い倉庫だ」）という情報を聞き手に与えれば、それの自然な帰結として、S_2という事態を聞き手が納得できるものと考えたからにすぎない。

論点を浮かび上がらせるために、(41)の「から」を「からだ」で言い換えて比較してみよう。

  (41') 旅館の主人　「しかし、屋根が飛ぶとはねえ」
  　　　味噌屋の夫人　「[?]古い倉庫だ<u>からです</u>」

「からだ」は、この文脈では、座りが悪い。もし実際にこのように発話したとしたら、旅館の主人が疑問を問いかけてもいないのに、味噌屋の夫人が勝手にこれを談話の中での問題設定と解釈して、それに対して大真面目に解答している、という感じになる。「からだ」が自然になるためには、次のように、明らかに問題設定がされたような文脈でなければならないだろう。

  (41") 旅館の主人「しかし、<u>どうしてまた</u>、屋根が飛んだんでしょうねえ」
  　　　味噌屋の夫人「古い倉庫だ<u>からですよ</u>」

(41)の例に戻ろう。(41)においては、当然のことながら、話し手自身も、「S_1 カラ S_2」という因果関係の成立を当然のこととして認めている。より詳しく言うならば、聞き手が意外げに持ち出している事態 S_2（=「台風で屋根が飛んだ」）に対して、まず自分自身が自己納得という情報処理（=「S_1 カラ(S_2)」）をし、それを聞き手にも示すことによって、結果的に聞き手をも自己納得させているわけである。すなわち、聞き手の側では、話し手から提供された「S_1 カラ」という理由に照らして「なるほど、それならば、S_2 は無理もないことだ」と自己納得するわけである。

念のために申し添えておくと、話し手自身が納得するだけでなく、聞き手をも納得させるのだから、少なくとも聞き手の側は「自己納得」ではなくて

単純な「納得」ではないかと思えるかもしれない。わたくしが敢えて聞き手も「自己納得」すると考える根拠は、話し手・聞き手の間に、「どうして S_2 なのか」という問題設定がなく、そのため、話し手は積極的に聞き手を納得させることを要求されてはいないからである。

　理屈が長くなってしまったが、もう少し具体的な事例で確認してみることにしよう。

(42) 大樹　「おじちゃんは、料理うまいんだね。」
　　 慎平　「一人暮らしが長いからね、おじちゃんはパパよりも。」
　　　　　　　　　　　　　　　　（鎌田敏夫『男たちによろしく』p.29）
(43) 品子　「えーと……肉焼きに、エビ焼きに、ミックスに……野菜焼き……。」
　　 美樹　「ブタになるわよ。」
　　 品子　「(良介に)エアロビクスにいってるのよ、お姉ちゃん。」
　　 良介　「へーえ(と、美樹を見る)」
　　 美樹　「運動不足だから、この頃……(と、少し恥ずかしそうな顔になる)」
　　　　　　　　　　　　　　　　（鎌田敏夫『男女7人秋物語』p.235）
(44) 三鷹　「大丈夫ですか、音無さん!?」
　　 音無　「は、はい平気です。」
　　　　　　（と、いいながら、やはり痛くて）
　　　　　　「あ、痛……。」
　　 おばさん　「ちょっとっ、動かないほうがいいわよ。」
　　 音無　「へんなひねり方しちゃったから……」
　　 三鷹　「見せてごらんなさい。」
　　　　　　（と、音無の足を手にとって）
　　　　　　「痛いですか？」
　　 音無　「は…はい少し……。」

> 三鷹「ネンザですね。すみません、つい受けにくい球を返してしまって。」
>
> （高橋留美子『めぞん一刻②』p.165）

　(42)〜(44)のいずれの例においても、「ドウシテ S_2 ノカ」という問題設定は、されていない。たとえば、(42)において、「大樹」は「慎平」が料理が上手なことに驚いているが、別に原因まで詮索しているわけではないし、(43)においても、「良介」は「美樹」がエアロビクスに行っていることを聞いて好奇の目を向けているが、自分から理由の説明を要求してはいない。同様に、(44)も、「三鷹」や「おばさん」は、「どうしてそういうことになったのか」と聞いてはいない。

　上の3例においては、いずれも、「S_1 カラ」という文の発話者は、「S_1 カラ(S_2)」という自己納得の結果を聞き手にも伝えることによって、聞き手に自己納得の方途を示しているわけである。

　このように考えてくると、自己完結的な自己納得の場合にしても、あるいは、聞き手をも巻き込む自己納得の場合にしても、「S_1 カラ。」による「理由の説明」とは、S_2 という事態を無理なく説明する S_1 という事態(これは話し手にとっては既知)の存在を再確認して自己納得する、というプロセスだということがわかる。すなわち、より的確に言うなら、「からだ」による理由の説明は、「話し手が理由を同定(判断)することによって説明する」のに対して、「S_1 カラ。」による理由の説明は、「S_1 という事態が S_2 という事態を説明する」(=「S_1 という既知の事態のことを考えれば、S_2 という事態が納得できる」)ということになる。

　ところで、「から」のこのような談話機能は、統語的には、どのように解釈できるのだろうか。

　おそらく、それは、田窪(1987)で提唱されたB類の「から」とC類の「から」との区別という考え方を参考に説明ができるものと思われる。すな

わち、本章で考察した「から」は、すべて、C類の「から」であり、[1] 非制限的従属節であるために、情報構造上、焦点位置になり得ない。[2]「S₁ カラ。」の場合に「ドウシテ S₂ ノカ」という問題設定の解答ではない、という事実は、焦点ではないからと考えれば、納得が行く。

　もっと言えば、一般的に文の内容は前提部分と焦点部分に分けられるが、「S₁ カラ。」は、前提部分だけから成る、焦点部分がない文ということになる。かたや、「S₁ カラダ」という文は、カラ節を名詞述語文の一部にすることによって焦点位置に持ってきた構文ということになる。焦点位置にあるからこそ、「ドウシテ S₂ ノカ」という問題設定に対する解答の文になり得るわけである。

5. 同根の問題

　以上のような考え方に立つと、次のような関連した問題に対して自然な解決を与えることができる。

①言語化されていない事態について理由を述べるとき、確かに「からだ」は使えないが、「から」ならば使える。それは、なぜか？

②理由の説明の文に共起する接続詞（的語句）には「なぜなら」「というのは」「だって」などがあるが、前二者は「からだ」と呼応し、「だって」は「から」と呼応するという顕著な傾向がある。それは、なぜか？

③「なぜ？」や「どうして？」という問に対する答えであっても、クイズ的な質問の場合は、「からだ」ではなく、「から」で答える。それは、なぜか？

---

[1] この種のタイプのカラ節がC類のカラであることは、次の(i)のように、カラ節の中に丁寧形が生じうることからもわかる。
　　(i)　旅館の主人「しかし、屋根が飛ぶとはねえ」
　　　　味噌屋の夫人「古い倉庫ですから」
　　　　　　　　　　　　　　　　　　　　　　　　　　　　　　（＝(41)）

[2] 詳しくは、田窪(1987:44-45)を参照のこと。

5.1. 言語化されていない事態の理由の説明

既に 2. で見たとおり、従来から、言語化されていない事態に対してその理由を述べようとすれば、通常、「からだ」を使うことはできないとされる。

(45)［いつも元気な山田君がいつになく沈んだ顔をしているのを見て］
　　?山田君は心配事がある<u>からだろう</u>。
(46) ほっといてくれ。#一人でいたい<u>からだ</u>。

しかし、同じ文脈でも、「から」で言えば、まったく問題はない。

(45') 山田君は心配事がある<u>から</u>な。
(46') ほっといてくれ。一人でいたい<u>から</u>。

この現象は、「倒置」ということで処理できるかもしれないが、倒置でないとしても、本章での議論を踏まえれば、ごく自然なこととして理解できる。

(46)において「からだ」が使えないのは、従来の説が言うように、「その文を発したこと(この場合は「ほっておいてくれ」と言ったこと)、つまり言葉で表わされていないことの説明になっているから」[3] ではなく、文脈の中で「ドウシテ S_2 ノカ？」という問題設定がされていないからである。また、「から」ならば使えるのは、「から」には「からだ」に課されているような制約はなく、話し手自身にとって既知である S_1 という事態に照らして自己納得している表現だからである。

(45)も、多少複雑な説明が必要になるが、やはり同様に説明できると思われる。

類例を、実例で挙げておこう。

---

[3] 日本語教育学会(編)(1982:433)、「『のだ』と『からだ』」の項(執筆者は野田尚史氏)。

(47) 実 「(階下の母親に)お茶なんかいらないからねッ。」
　　　(と言い、自分の部屋に入って)
　　　「お茶持って来ると、なんだかんだまたうるせェからよ。」
　　健一 「そんな事いうな。」
　　　　　　　　　　　(山田太一『ふぞろいの林檎たち』p.470)

(48) 一の瀬 「どうしたの？」
　　音無 「は？」
　　一の瀬 「すごい顔してるから。」
　　音無 「あら。(顔を引きつらせて作り笑いをする。)なんでもありませんわ。」
　　一の瀬 「ゆがんでるよ、笑いが。」
　　　　　　　　　　　(高橋留美子『めぞん一刻 2』p.72)

5.2. 接続詞(的)語句との呼応関係

「からだ」は、「なぜなら~からだ」「というのは~ からだ」という文型でよく使われるが、「から」の方は、このような使い方は、後で見る「クイズ的疑問」に対する答えを別とすれば、稀である。よく共起する接続詞を挙げるならば、「だって」であろう。[4]

「から」の用例に当たってみると、「だって~から」という表現がしばしば観察される。

(49) ●玄関
　　則子 「ほら、足(などと助けて中へ)」
　　謙作 「獅子奮迅だよ。中田と二人で獅子奮迅だ(とドドッと玄関へ倒れこんで横になろうとするのを)」
　　則子 「やですよ、此処で寝たらいや。あなた重いんだもの(と背中

---

[4] 「だって」については、森田(1980)に親切な用法説明がある。ただし、文末との呼応関係については、触れられていない。

第4章　カラ節による関係づけ

　　　　　を押さえる)」
　　　謙作　「(座った形になり)待ってたのか？」
　　　則子　「だって、めずらしく電話くれたりしたから。」
　　　謙作　「商社員の女房が、亭主の帰りを待ってるようじゃ、終りだ
　　　　　　ぞ(寝る)」

　　　　　　　　　　　　　　　　　(山田太一『岸辺のアルバム』p.23)

(50)　ひかる　「この靴、小さいの」
　　　　　　と、俊行の腕をつかむ。
　　　俊行　「どれ？」
　　　　　　と、かがみ込んで、ひかるの靴を取る。
　　　俊行　「ここが小さいの？」
　　　　　　と、踵を引っ張ったりしている。
　　　ひかる　「そんなことしたら、カッコ悪くなっちゃうじゃない」
　　　　　　と、靴を取る。
　　　俊行　「だって、足が痛いっていうから……」
　　　ひかる　「いい、もう」
　　　　　　と、行く。

　　　　　　　　　　　　　　　　(鎌田敏夫『男女7人秋物語』p.273)」

(51)　●健一の車の中」
　　　健一　「……。(運転している)」
　　　陽子　「(健一の横で)なんだか」
　　　健一　「うん？」
　　　陽子　「変な道行くのね。」
　　　健一　「ああ。だって、高速で帰るんじゃ面白くねえから。」
　　　陽子　「……。」

　　　　　　　　　　　　　　　(山田太一『ふぞろいの林檎たち』p.152)」

　(49)～(51)において、「だって～から」の文は、自分の行為について訝し

んだり、非難したりしている聞き手に対して、話し手自身にとってはわかりきっている因果関係（S_1 カラ（S_2））を示すことによって応じている。4. で考察したとおり、「から」理由文は、聞き手の疑問に答えるというよりは、自分にとっての自己納得の仕方を聞き手に提示している形になっている。話し手にとってはわかりきっているが、聞き手にしてみれば必ずしも自然な因果関係として納得できないので、そのギャップから、「言い訳」的なニュアンスが生まれる。[5]

話し手にとっては、「ドウシテ S_2 ノカ」という問題設定は認める余地がなく、自己納得的に理由を言う文脈であるから、「S_1 カラ。」の形が選ばれ、また、そういう気持ちを前触れ的に表す接続詞として「だって」が使われているわけである。

「だって」のあるなしにかかわらず、一般に、「そんなことは、自分としては当然なことで、問題にもならない」という気持ちを表すときに、「S_1 カラ」が選択されるようである。

  (52) こずえ　「なんでそんなに詳しいんですか？」
    音無　「なんでって……管理人ですから。」
    こずえ　「へー、そんなものかなー。」
    音無　「そんなもんですよ。」
    こずえ　「じゃ、ほかの住人さんのことも、そんなに把握してるんですか？」
    音無　「ええ、それはもう。」
     （と言いながら、心中「そうでもないけど……」と思っている）

---

[5] 『新明解国語辞典（第四版）』の次のような記述は、この辺りのニュアンスをよく捉えている。
　だって（接）〔口頭〕〔自分の行為を非難する相手の言葉に対して〕それは実情を知らない人の言う事だ、無理な事であると、自分の立場を正当化することを表す。「なぜ遅刻した？―ストライキで電車が来ないんですもの」

こずえ 「うわーっ、管理人さんてすごいんですね。」
(高橋留美子『めぞん一刻②』p.186)
(53) 佐竹 「お前ら、教室を使ってるってことはよ、一応学校の許可を得てやっているんだよな。」
健一 「ああ、同好会の申し入れをしねえと貸してくれねえ<u>から</u>な。」
(山田太一『ふぞろいの林檎たち』p.22)

5.3. クイズ的疑問文に対する答の「カラ」

前述したとおり(3.1.)、「どうして」「なぜ」で問われた疑問文に対する答えの文では、「からだ」が選択されるのがふつうである。ところが、クイズ・なぞなぞや、試験問題の解答などの場合には、例外的に、「から」で答えることの方がふつうである。

(54) Q：東北のとある村で出会ったおばあさんの言った言葉は、実に重く心に残りました。<u>どうして</u>でしょうか？
A：" なまり " があった<u>から</u>。
(クイズユーモア研究会編『クイズ天下無敵の決定版』p.43)
(55) 図のように、ジュースのびんの口に、水でぬらした10円玉を置き、手であたためました。
(1) 10円玉は、どのようになりますか。
(2) <u>なぜ</u>、そのようになるのですか。
解答
(1) 10円玉は、もち上がったり、もとにもどったりする。
(2) 空気をあたためると体積がふえる<u>から</u>
(小学教育研究会『理科自由自在(小学3・4年)』p.181)

クイズ的疑問文は、それを発話する人が初めから答えを知っていて問う特殊な疑問文である。クイズ的疑問文で理由を問う場合、「なぜS_2のか」と

問う人は、「S_1 カラ(S_2)」という因果関係をわかりきったこととして聞いているわけである。解答する人にしても、聞き手が「S_1 カラ」という「答え」を知っていることを承知の上で、その、あらかじめわかっていることになっている因果関係の「因」の部分を答えるわけである。

もっと言えば、クイズ的疑問文は、既に定まっている「S_1 カラ S_2」という因果関係の、「S_1」の部分を隠しておいて、その部分を知っているか(理解しているか)どうか、あるいは、思いつくかどうかを試す疑問文であり、聞き手に理由の同定(判断)を求める疑問文ではないのである。そう考えれば、解答の文において「カラダ」を使わずに「カラ」で答えることは、当然の結果として理解できよう。[6]

6. まとめ

本章では、「から」と「からだ」の用法の違いについて、談話機能という観点から考察した。実例に基づく使用場面の観察から、次のようなことがわかった。

① 「S_1 カラダ」を使うときは、S_2 という事象について、その理由を同定(判断)するプロセスを含むのに対し、「S_1 カラ。」の場合は、そのようなプロセスはない。
② 「S_1 カラダ」を使う場合、言語的・非言語的文脈の中で、話し手・聞き手の間に、「ドウシテ S_2 ノカ」という問題設定がされており、それに対する解答として発話される。
③ 「S_1 カラ」を使う場合は、(少なくとも話し手にとっては)S_2 という事象は、S_1 という既に明らかな事実の自然な帰結として自己納得されている。つまり、「ドウシテ S_2 ノカ」ということは問題にされていない。

---

[6] クイズ的疑問文に関する論考としては、小針(1993)がある。

第4章　カラ節による関係づけ

　以上の分析によって、「から」と「からだ」の用法について、ある程度のところまで明らかになったと自負しているが、まだまだ、残された課題も多い。

　「からだ」の問題は、結局は、「…ハ〜ダ」という判断文の表す判断のプロセスをどのように考えるかという問題に行き着くと思われる。そのような一般的な議論にまで持って行く余裕が今回はなかった。

　また、「から」については、同じようにカラ節による「言いさし文」である、「言い尽くし」のカラ節(例：「ちょっと、たばこを買いに行ってくるから」)との異同が問題になる。「言い尽くし」のカラ節については、白川(1991a)、白川(1995b)である程度詳しく論じた(→本書の第1部第2章)が、改めて、カラ節による「言いさし文」の全体像を整理する必要がある。

　さらに言うならば、「からだ」と「のだ」の違いについては、論及した先行研究があるが、本章で考察した「から」と「のだ」とは、非常に似通った用法があるにもかかわらず、両者の異同についての行き届いた説明は、わたくしの知る限りでは、なされていない(「カラ。」という形についての研究がそれ自体あまりされていない)。これも、「のだ」の問題と接続表現の問題にまたがる、おもしろい問題である。

― 第5章 ―
シ節による関係づけ

1. はじめに

本章では、次のようなシ節による「言いさし文」について検討を加える。

(1) **阿川** 巷間噂されているスポーツキャスターへの道とかは？
    有森 そういう道は、納得いく形で自分を生かすことはできないと思います。魅力も感じていません<u>し</u>。
    （阿川佐和子『阿川佐和子のこの人に会いたい』p.202）
(2) 「ねえ、ここでもう少しコーヒーを飲んでいかない？そうすればもう少しお話もできる<u>し</u>」
    （村上春樹『世界の終わりとハードボイルド・ワンダーランド』p.79）

ほかの従属節による「言いさし文」と同様に、シ節も、形式上は主節を伴っていないので一見したところ不完全に見えるにもかかわらず、意味的には独立した文と等価な完結性を有している。[1]

興味深いことに、英語でこのような表現に対応する表現を考えてみると、何の接続表現も伴わない場合がほとんどである。ちなみに、対訳本で上の(2)の例文に対応する英語表現を調べてみると、次のようになっている。

(2') "Really？ Would you like some now？ _ϕ_ That way we could sit and talk a little while longer."

---
[1] 実際、シ節も南(1974)のC類の従属節なので、主題のハや、ダロウなどの認識のモダリティを節の内部に含むことができるなど、従属節らしからぬ意味内容を備えている。

(Alfred Birnbaum(tr.) *Hard-Boiled Wonderland and the End of the World*)

　本章では、(1)(2)のような「言いさし文」の用法を中心に、シ節の談話機能を考察したい。本章でも、ほかの従属節の場合と同様に、「言いさし文」の用法からシ節の文法機能を探るという接近法を試みる。
　前章で見たカラ節と同様、シ節の「言いさし文」も「関係づけ」による言い終わりの表現として機能していることを明らかにする。

2. 〈併存用法〉と〈列挙用法〉

　まず、「言いさし文」という特殊な構文について考える前に、その下ごしらえとして、「言いさし文」でない接続表現、すなわち、主節を伴った「完全文」について、接続助詞「し」が何をどのように接続するのか、見ておくことにする。
　接続助詞「し」は、一般に並列的接続を表すとされるが、用例を注意深く観察すると並列のあり方に大別して2種類あり、主節とそれに先行するシ節との意味関係の違いによって2種類の文型に大別されることがわかる。

2.1.「PシQシR。」型… 構文①

　まず、最も単純でわかりやすい構文は、「PシQシR」のように、並列されるべきP, Q, Rを「し」でつないだ構文である。たとえば、次に示す談話例に現れる2つの「し」がこの構文を体現している。

(3)　**山田**　スプーン曲げってホントなの。私のまわりでは実際に見た人多いんだけど、私はまだ一度も。
　　　中沢　それはあるよ。だって、あれは物理的な現象だもの。「気」の問題もそうだけど、スプーン曲げって、そんなに神秘的な事じゃないよ。人間の能力の部分だから。
　　　山田　ふーん。

中沢　それは神秘主義ともあまり関係ない<u>し</u>、前世の問題とも関係ない<u>し</u>、霊界との問題とも直接、関係ないですね。人間の潜在的なエネルギーの能力だもの。

　　　　　　　　　　　（山田詠美・中沢新一『ファンダメンタルなふたり』p.120）

　並列されるのは、3つの文内容とは限らない。3つでもよいし、場合によっては3つより多くてもよい。次の例では2つの文内容が並列されている。

(4)　**阿川**　でも、ここまで大きくなったら、親方よりも体ができてるから、殴るほうも辛いでしよう に。
　　若ノ花　手が痛いって言ってるらしいんですけど(笑)。親方も喧嘩っぱやい<u>し</u>、喧嘩強いんです。

　　　　　　　　　　　（阿川佐和子『阿川佐和子のこの人に会いたい』p.57）

　ここで注意すべきことは、シ節の文内容と主節の文内容とが並列されているということである。この点で、2.2. で観察する構文と大きく異なっている。
　さて、この構文の意味であるが、同じく並列的接続と言ってもテ形による接続表現(例：「背が低く<u>て</u>禿げてい<u>て</u>太っている」)やタリ形による接続表現(例：「酒を飲ん<u>だり</u>歌を歌っ<u>たり</u>する」)とは違って、「一方が成り立つのではなく、他のことも成り立つ(森田 1989:692)」事柄を並べている。そこで、この用法を〈併存用法〉と呼ぶことにする。[2]

2.2.「PシQシX」型…構文②

　一方、形の上では構文①と似ているが、「し」の前後の文内容の意味関係が構文①とは異なる構文がある。たとえば、次のような場合である。

---

[2] 国立国語研究所(1951:56)は「共存事実を列叙し」云々と記述しているが、後で述べる理由により「共存」という言葉は採用しない。

第5章　シ節による関係づけ

(5)　岡崎「たしかに、ぼくは面白味がないと思います。平凡だ<u>し</u>、変わった趣味もない<u>し</u>、可愛げもない<u>し</u>、不良っぽくもない<u>し</u>、フフ、女性を引きつけるところ、少ないと思っています」
　　　香織「そんなことないと(思うけど)」
　　　岡崎「いいんです。残念だけど、諦めます」
　　　香織「(一礼)」

(山田太一『想い出づくり』p.136)

(5)に現れた4つの「し」のうち、最後の「し」は、その前後の文内容を並列の関係で結んではいない。並列されているのは、「平凡だ」「変わった趣味がない」「可愛げがない」「不良っぽくない」という4つの文内容だけであり、「女性を引きつけるところが少ない」という主節の文内容は、それらと並列関係にあるというよりも、それら個別事象から一般化された「統括命題」である。[3]

並列される文内容は、複数である必要はない。次の例に見るように、並列されるべき文内容が明示されない場合もある。

(6)　薫「(訝しそうに)今まで美也子さんと？」
　　　公平「(目を合わさず)うん。いろいろ愚痴を聞かされたよ。狭苦しい居酒屋でさ。聞きたくないとも言えん<u>し</u>な、まいったよ」

(池端俊策『並木家の人々』p.235)

上の例においても、「し」はその前後の文内容を並列関係で結んでいるのではない。シ節の文内容と並列すべき類例がほかにもあることを言外に暗示して、主文はそれらから引き出された「統括命題」を提示している。[4]

---

[3] 「統括命題」という捉え方については寺村(1984)を参照のこと。
[4] この語法についての指摘は、つとに国立国語研究所(1951:56)にある。ただし、(5)の用法と(6)の用法をわざわざ別立てにして説明する必要はないだろう。

ここで確認しておくべきことは、(5)にせよ(6)にせよ、シ節の文内容と主節の文内容とが並列されているのではないという事実である。もっと言えば、主節の直前の「シ」は、その前後の文内容を関係づけているのではない。接続助詞というと、「用言・助動詞について、それより前の句の意味を後の句に結びつけ、どのような関係にあるかを示す語」(『学研現代新国語辞典』)だと考えられがちであるが、少なくとも「シ」に関しては、このような捉え方には再考が必要である。

この構文における並列のあり方は、何らかの「統括命題」を共有する文内容をシ節の文内容として列挙するというものである。そこで、この用法を名づけて〈列挙用法〉と呼ぶことにしよう。

なお、シ節による並列的接続表現に「統括命題」があることを指摘した寺村(1984)においては、構文①と構文②との違いが考慮されていないが、両者は「統括命題」の含意の有無において異なるので、区別して考えなければならない。すなわち、寺村の言う「統括命題」を常に伴うのは、構文②のみであり、構文①の場合は「統括命題」を必ずしも伴わない((3)はその好例)。

3. シ節による「言いさし文」の位置づけ

さて、シ節による並列的接続を以上のように2分類するとすると、われわれの関心事であるシ節による「言いさし文」は、そのどちらに位置づけられるのだろうか。結論的に言うと、〈併存用法〉と〈列挙用法〉のいずれの場合も考えられる。それぞれの場合に分けて考えてみることにする。

3.1. 〈併存用法〉のバリエーション

まず、〈併存用法〉(構文①)のバリエーションだと考えられるような「言いさし文」の構文がいくつかある。

「P。QシRシ。」型… 構文③

この文型では、後続文のシ節の連続は、それら相互の間で並列関係にある

だけでなく、先行する独立文Ｐとも意味的に並列関係にある。

 (7) **阿川** 話は変わりますが、ボウリングに凝ってらっしゃるとか。どういうところが面白いと感じられてるんですか。
   西村 一人でできるスポーツじゃないですか。だからやりたい時にできるでしょう。しかも誰の邪魔にもならない<u>し</u>、お金もそんなに掛からない<u>し</u>。
        （阿川佐和子『阿川佐和子のこの人に会いたい』p.238）

　(7)の最後の文には2つのシ節の連続があり、「誰の邪魔にもならない」という文内容と「お金がそんなに掛からない」という文内容が並列的に接続されている。そして、さらにこれら両方が直前の文の文内容「やりたい時にできる」とも並列的な意味関係を持っている。
　ここで注意しなければならないのは、この構文を、主節の後ろへシ節が後置された倒置構文と考えてはならないということである。前後の文が「しかも」という累加の接続詞で結ばれていることや、シ節の内部に合説の取り立て詞「も」が生じていることから察しがつくように、シ節は先行の独立文と並列的に並べられるべく、先行文とは別個に追加して発話されているのである。逆に言えば、先行文の文内容は、シ節で表されてこそいないが、後続する文のシ節と遡及的に関係づけられることになる。[5]
　なお、追加的に発話されるシ節は、(7)のように複数ある必要はない。むしろ、次の例のように、単独で追加される場合の方が多い。

 (8) **阿川** 巷間噂されているスポーツキャスターへの道とかは？
   有森 そういう道は、納得いく形で自分を生かすことはできないと思います。魅力も感じていません<u>し</u>。   （＝(1)）

---

[5] ケド節やカラ節にも、独立文の後から補足的に追加して発話される用法がある。第1章・第2章)を参照のこと。

3. シ節による「言いさし文」の位置づけ

(9) **阿川** ちょっと先の話になりますけど、例えば結婚して家庭を持って、引退した後に、こういう人生を過ごしたいという夢はありますか。

若ノ花 それは、ある程度あります。奥さんや子供と離れないような仕事がしたい。(中略)自分は(部屋を)継ごうと思ってませんから。親方を見てると、すごいキツい仕事なんで、あまりやりたくないなあと。反面、親孝行もしたい<u>し</u>……、今の時点では迷っていますが、それはもう少したってから考えたほうがいいんじゃないかと思ってます。

(阿川佐和子『阿川佐和子のこの人に会いたい』p.76)

これらの例においても、シ節内に「も」が生起していることに注目されたい。

「ＰシＱシ。」型… 構文④

　この構文になると、シ節同士が並列されているだけで、それらがほかの独立文と関係づけられてさえいない。

(10) 綱子　「(前略)こういう人がいるんならいるで早く言ってくれりゃいいのに」

正樹　「手紙だと、何かことばがちがっちゃう<u>し</u>、電話ってのも雑だ<u>し</u>さ——そのうち、そのうちって言ってたんだよな」

(向田邦子『阿修羅のごとく』p.308)

(11)「その頭骨はほんとうに戦争で破壊されちゃったんだろうか？」と私は言った。

「さあ、どうでしょう」と小指の先で前髪をいじりながら彼女は言った。「その本によるとレニングラード戦は街の一区画一区画をローラーで順番につぶしていくような激しい戦闘だったし、大学の

> あたりは中でもいちばん被害の大きかった地区らしいから、頭骨は破壊されちゃったと見る方が妥当なんでしょうね。もちろんペロフ教授が戦闘の始まる前にそっと持ちだしてどこかに隠しちゃったのかもしれない<u>し</u>、ドイツ軍が戦利品としてどこかに持っていっちゃったのかもしれない<u>し</u>……でもいずれにせよ、それ以来その頭骨を目にした人間は一人もいないのよ」
>
> (村上春樹『世界の終わりとハードボイルド・ワンダーランド』p.149)

　この構文では、「し」によって何と何が接続されているのかということが問題になる。すなわち、一見したところ、一番後ろに位置するシ節には、「し」によって関係づけられるべき文内容がないかのように見えるのである。これらの文では、シ節同士がお互いに関係づけられていると考えるよりほかに解釈のしようがない。意味的には、構文③とは少し異なり、同時に成り立つ文内容を累加的に並列するのではなく、心中に考えの選択肢として併存する相容れない文内容同士を対比的に並列している。[6]

　なお、森田（1989:692）も、「映画は見たいし、時間はないし」や「遊びには行きたいし、金はかかるし」のような例文を挙げて「くい違う事柄を並べる」用法としているが、「一方が成り立つのではなく、両方が成り立つ（傍点は白川）」ことを表す用法の一種としている点が気になる。併存する両立しない考えを並べるこのような用法の存在を考慮に入れるなら、「両方が（同時に）成り立つ」のではなく「他方も成り立つ」と捉えるのがより的確な捉え方だろう。「共存」ではなく「併存」という言葉を採用した所以である。

3.2. 〈列挙用法〉のバリエーション

　次に、〈列挙用法〉（構文②）のバリエーションだと考えられるような「言いさし文」の構文の例を見てみよう。

---

[6] 英語版で(11)に対応する英語表現を調べると、2つの文を "or" で連接しているのが興味深い。

3. シ節による「言いさし文」の位置づけ

「X。PシQシ。」型… 構文⑤

　この構文は、外形上は、構文③に似ているが、シ節とそれに先行する独立文との意味関係が異なる。すなわち、並列関係にあるのはシ節同士のみであり、先行文はシ節の文内容と「統括命題―個別事象」の関係に解釈される。

(12) 有森　いや、ここでもあまり役に立たなくて(笑)。故障はする<u>し</u>、大会は勝てない<u>し</u>。

　　　阿川　あらら。

　　　　　　　　　　　　（阿川佐和子『阿川佐和子のこの人に会いたい』p.196）

(13) 巻子(声)　「モシモシ！　モシモシ！」

　　　綱子　「ごめん。体の芯(しん)から冷えちゃった――お湯のんでンのよ」

　　　巻子(声)　「――写真見た？」

　　　綱子　「拝見いたしました」

　　　巻子(声)　「御感想はいかがですか」

　　　　実直そうな初老の男が緊張してうつっている。

　　　綱子　「なかなかご立派なかただと思いますよ。立派な肩書きもおありになる<u>し</u>、子供はみんな独立しておいでだ<u>し</u>」

　　　　　　　　　　　　　　（向田邦子『阿修羅のごとく』p.399）

　ここでも注意すべきことは、シ節が倒置によって主節の後ろに置かれたと考える謂われはないということである。言いさしているかのように見えるシ節は、他方のシ節と互いに並列的に関係づけられているだけであって、そのこと以外に「し」が担っている接続機能を考える必要はない。意味的に主節に関係づけられているように見えるとしたら、それは、〈列挙用法〉に伴う「統括命題」がたまたま直前の文に言語化されているためである。寺村(1984:72)も述べているとおり、シ節による並列の「統括命題」は、言語化される必要はなく、また、言語化する場合でもシ節の後に置かれる必要はない。

　なお、構文⑤においても、構文③と同様に、シ節は必ずしも複数個表現さ

れる必要はない。

> (14) **中沢**　でもさ、高度経済成長以後の子は、山田詠美みたいな例外をのぞいてやっぱり生物として何か虚弱な感じがするね。
> **山田**　子供とかにアトピーとかできてるしね。いまの子供って元気な子のほうが少ない感じ。みんなどっか病気があって。
> 　　　　（山田詠美・中沢新一『ファンダメンタルなふたり』p.144）

この場合も、シ節の文内容は先行する主節の文内容と並列されているのではなく、本来シ節で並列されるべきほかの文内容が言外に暗示されている。

「P シ Q シ φ 。」型… 構文⑥

これは、シ節の統括命題が言語化されず、言外に暗示されたケースである。

> (15) **律子**　「お姉ちゃんは、あんたのことが好きなのよ、そんなこともわからないの？　どうして待てないのよ！　こういう時にこそ支えるのが男でしょ？」
> **森下**　「そうだけど……純子さんにはいつもこの人がついてるし、僕の前からさらってっちゃうし……」
> **律子**　「じゃあ、闘えばいいじゃない！　中原さんと」
> 　　　　　　　　　　　　　（大石静『徹底的に愛は…』p.152）
>
> (16) **黒木**　「で、どうなの就職。」
> **五代**　「え？」
> **黒木**　「え、じゃないよ。もう決まったんでしょ？」
> **五代**　「い…いや…まだちょっと……」
> **黒木**　「ま・だ・？」
> **五代・黒木**　「………」

3. シ節による「言いさし文」の位置づけ

　　五代「ま、まだ決定はしてないけどなー。四社は最終面接までこ
　　　　ぎつけてるし、二社はもう結果待ちだし……」
　　黒木「な…なあ～んだそれじゃ、もう内定したも同じじゃないか。」
　　　　　　　　　　　　　　　　(高橋留美子『めぞん一刻 ⑨』p.170)

　この構文は、外形的には構文④と同じだが、「統括命題」の含意を伴う点で異なる(外形がない「統括命題」を敢えて「φ」で表示して「PシQシ。φ。」型としたのは用法を区別する便宜のためにすぎない)。しかし、本来あるべき主節を言わずに言いさしているのではないという点では、構文④と共通している。[7]

　なお、例によって、シ節が複数列挙されない場合もある。

(17)　武志「(前略)ひと月、ちゃんと、力仕事が出来たんなら、すぐ連
　　　　　絡がありそうなもんじゃないか。お前に誠意を見せるために働
　　　　　いてたんじゃなかったのか？」
　　　久美子「まだひと月と四日しかたってないし(と口惜しくてぶっ
　　　　　きらぼうにいう)」
　　　武志「俺なら、その日にひと月働いたと連絡するね。直接じゃな
　　　　　くても、お前の友達を通してすぐいいたいのが人情じゃないか
　　　　　ね(誠意ある説得という感じ)」
　　　　　　　　　　　　　　　　(山田太一『想い出づくり』p.197)

　以上、シ節による「言いさし文」の成立事情を、〈併存用法〉〈列挙用法〉に分けて検証した。ここでぜひとも再確認しておきたいことは、いずれの場合においても、あるはずの主節が立ち消えになっているのでもなければ、シ節が倒置によって後置されているわけでもないということである。シ節の文

---

[7] 上の例でも見られるように、文字化するときは「し……。」と表記されることが多いが、これは接続助詞の後には本来主節が来るべきだという規範意識によるのだろう。

137

内容は、先行する独立文の文内容へと追加的に関係づけられる(構文③)か、あるいは、ほかのシ節の文内容(明示・暗示の両方の場合あり)と関係づけられる(構文④⑤⑥)。

4. 談話におけるシ節の機能

このように考えてくると、接続助詞シの機能は、それによって「接続」された前後の文内容を関係づけるという構文的な機能というよりも、その節の文内容を、表現上の前後や有形無形を問わず、ほかの文内容と関係づける談話的な機能であると考えた方がよさそうである。

そこで、様々な用法を統一的に説明するべく、次のような仮説を提案したい。

● <u>シ節の機能</u>:「P シ」は、文内容 P が成り立つだけでなく、それ以外にも成り立つような文内容 X が併存することを示す。

シ節の機能をこのように規定すれば、何よりもまず、シ節と関係づけられるべき文内容が文脈上に見当たらない場合が無理なく説明できる。

(18) 青　木「あ、そうだ。よかったら今度、ぼくが行ってるダンスサークルのパーティに来ませんか」
　　　杉　山「いや、まだ、そんなに踊れない<u>し</u>」
　　　青　木「大丈夫ですよ。杉山さんなら、もてますよ。ぼくなんかより全然かっこいい<u>し</u>。それに1人で来づらかったら、一緒に習ってる人誘えばいいですよ。とにかく女の方が多いから、男は大歓迎」
　　　　　　　　　　　　　　　(周防正行『Shall We ダンス?』p.51)

(18)には2つのシ節による「言いさし」の表現がある。1つ目は、「まだそんなに踊れない」という文にシを付けて表すことによって、「このことだけ

が(判断材料として)成り立つわけではない」という話し手の心的態度を表明していると説明できる。[8]

2つ目も同様である。理由を述べる節として直前の文に係っているかのように見えるが、それは隣接した位置関係から来る語用論的な解釈にすぎない。

また、この仮説は、シ節が1文を越えてほかの文と関係づけられている場合の説明にも有効である。

(19) 阿川　ご主人のスキャンダルは、それほど気になりません……か？
　　　橋本　だって、いちいち気にしてたらどうなるの。私も別にカッコ悪いとは思ってなかったから、モテるのも分かる<u>し</u>……。
　　　　　　　　　　　　(阿川佐和子『阿川佐和子のこの人に会いたい』p.117)

(19)で、「橋本」は第1文を一旦言い納めた後で、言うべき文内容がそれだけではないことに気づき、「モテるのは分かる」ということを併存する文内容としてシ節で追加的に関係づけている。これを聞き手の側から見ると、「それ以外にも成り立つような文内容X」とは、先行文脈中にあるX＝「いちいち気にしていたらきりがない」コトであると同定でき、遡及的に、「いちいち気にしていたらきりがない」コトと「モテることは分かる」コトが並列的に関係づけられる。そして、結果的には「(だって)いちいち気にしていたらきりがない<u>し</u>、もてることもわかる」と表現した場合とほぼ等価な意味解釈を得るというわけである。

5. まとめ

本章では、シ節が、ケド節、カラ節、タラ節、レバ節など、ほかの従属節と同様、会話の中では「言いさし文」の形で独立文的に頻用されることに着目して、文を越えた談話のレベルにおけるシ節の文法機能を探ってみた。

---

[8] 国立国語研究所(1951:58)に「理由として挙げる材料が一つで他を言外に暗示している形のため、婉曲になる」という当を得た指摘がある。

談話におけるシ節の様々な用法を記述するとともに、そこから一般化されるシ節の文法機能を提案した。接続助詞「し」の機能は、それを挟んだ2つの節を並列的に接続するといった文文法的な機能としてではなく、それの付加された文を談話の中に関係づけるという談話文法的な機能として捉えるべきことを示した。

ここで論じた問題は、理論的には、結局、中右(1994:97-117)で論じられている「文連結語」によるDモダリティ表現と同じ問題として位置づけることができると思われる。複文の従属節の問題を単文のSモダリティ・Dモダリティの問題とともにモダリティの体系の中に整合的に位置づけて、日本語の文末表現を体系的に整理することが今後の課題である。

第6章
テ形節による「言いさし文」

1. はじめに

　ここまでの考察でも繰り返し述べてきたとおり、日本語には、次のように、文を従属節のみで言い終わる表現が、しばしば見られる。

（1）「あんまりだわ!!　外泊するなら連絡してくれればいい<u>のに</u>。」
　　　　　　　　　　　　　　（高橋留美子『めぞん一刻①』p.111）
（2）「ねえ先生、この茶碗ヒビが入ってます<u>けど</u>……？」
　　　　　　　　　　　　（雁屋哲・花咲アキラ『美味しんぼ⑳』p.52）
（3）「じゃ、ぼくは帰る<u>から</u>」
　　　　　　　　　　　　　（ひかわきょうこ「女の子は余裕！」p.53）
（4）**筑紫**　「昭和40年生まれ？」
　　松任谷　「ええ。大学一年生。言葉遣いも風俗も違う。36, 7年の子たちとも全然違いますね。だからどうっていうんじゃないんだけれども、面白いですよ。珍しい動物を見ているような。恋愛の形態なんかもほんとうに違います<u>し</u>ね。」
　　　　　　　　　　　　　（筑紫哲也ほか『若者たちの神々Ⅲ』p.21）

「のに」、「けど」、「から」、「し」は、いわゆる接続助詞であって従属節を形成する助詞である。従属節である以上、ふつう、主節が後に続くわけだが、上の例の場合、それがない。したがって、統語的には、文を途中で言いさした形となっている。
　興味深いことは、言いさしの形であるにもかかわらず、日本語の母語話者

ならば、その文の意味が理解できること、そして、その意味というのが、上の文のような文脈だけに限られずほかの文脈においても引き出されるような、ほぼ固定した意味だということである。つまり、母語話者の直観では、上のような「言いさし文」は、文として不完全だという感じがまったくなく、その点では、「言い切り」の文と等価なのである。

このような直観を説明しようとするとき、一つの考え方として、接続助詞が終助詞と同じように使われていると分析する立場がある。実際、多くの国語辞典で上の文のような接続助詞の用法を終助詞的な用法、ないしは、終助詞としての用法として記述していることは序章で述べたとおりである。

このような使われ方をした場合の接続助詞を、終助詞として扱うべきなのか、それとも、終助詞とは似て非なる終助詞的な用法として終助詞とは一線を画すべきなのかは、文法論上、重要な問題である。本書では、後者の立場に立って、従属節による「言いさし文」の機能を考察してきた。

さて、そのような事実認識に立つと、次のような疑問が浮かび上がってくる。

「て」[1] は、ふつう、接続助詞の一つに数えられている。しかも、「ながら」などと違って、動詞句だけでなく文（あるいは節）同士をも繋ぎ得る接続形式であり、その意味で、上に挙げた4つの接続助詞と同列に扱われてもよいはずである。

だとすると、当然、「て」についても、上で見たような用法があっても不思議ではない、ということになるが、予想に反して、「て」については、このような用法が取り沙汰されないという、注目すべき事実がある。すなわち、「て」は、辞書や文法書において、終助詞、あるいは、接続助詞の終助詞的な用法として認知されていないのである（「お願い。帰って。」のような命令的な用法については、とりあえず除外しておく）。[2]

---

[1] テ形の語尾。本書は「て」を接続助詞とは認めない立場だが、説明の便宜上、本章では節の名称としては「テ形節」、接続形式の名称としては「て」という用語を使う。

[2] 例外的に、国立国語研究所（1960:77）では、次のような文を「接続助詞由来の終助詞終

それでは、「て」については、このような「言いさし文」の用法がないのかというと、けっしてそうではない。

(5)「遅いじゃないか、海原雄山と帝都新聞側はもうとっくに来てるよ。」
　　「すみません、成田まで蟹を取りに行ったら、渋滞に巻き込まれて。」
　　　　　　　　　　　　　（雁屋哲・花咲アキラ『美味んぼ20』p.168）
(6)「このマフラー、あったかくて、あったかくて」
　　　　　　　　　　　　　　　　　（高橋留美子『めぞん一刻2』p.219）
(7)「あ、あの　その節はお騒がせしまして」
　　　　　　　　　　　　　　　　　（高橋留美子『めぞん一刻1』p.199）
(8)「ぼくのためにこんなに真剣になっていただいて。」
　　　　　　　　　　　　　　　　　（高橋留美子『めぞん一刻1』p.79）
(9)「考え直させるどころかあおりやがって」
　　　　　　　　　　　　　　　　　（かわなみはるか「子供たちの宇宙」p.162）

　このようなテ形の使い方は、日常会話においてしばしば観察される、その意味では、普通の、あるいは、慣用的な使い方である。ほかの接続助詞の例にならってこのような「て」の表す意味を記述するとすれば、それぞれ、①事情の説明、②感嘆、③陳謝、④感謝、⑤非難、の意を表している、とでもなろうか。

　問題の所在を整理すると、こうなる。同じく接続助詞扱いにしていて、しかも、同じように「言いさし文」の使い方があるのだから、「て」についても終助詞的な用法というものを認知するのが道理なのではないだろうか

止文」として整理している。
　　〈だけどねー　もう　取る　方が　おもしろくって〉
　ちなみに、高橋(1993)は、「から」「けど」「が」「し」で終わる文については接続助辞が終助辞化したものとしているが、条件形(＝タラ形・レバ形)および第二中止形(＝テ形)については終助辞化したものとはしていない。

143

(「て」は用言の「言い切り」の形に付くわけではないので、品詞論的には、どのみち終助詞としての用法とは言えないだろうが)。

逆に言えば、仮に「て」について終助詞的な用法が認められないのであれば、ほかの接続助詞について言われてきた終助詞的な用法についても、その分析の妥当性に疑問を差し挟む余地があるのではないだろうか。

以下では、「て」にもほかの接続助詞と同様に終助詞的な用法(本書の用語で言えば「言いさし文」の用法)があることを見る。

なお、第2部の導入部で前触れしたとおり、テ形節による「言いさし文」には、第2部のテーマである関係づけのタイプのほかに、言い尽くしのタイプも存在する。本章では、両方のタイプを考察し、テ形節による「言いさし文」の全体像を示すことにする。

2. 「て」の終助詞的な用法

まず、念のために確認しておくと、「言いさし文」と言っても、次のような「言い残し」は、ここで問題にしているような終助詞的な用法の候補とは見なされない。

(10) 刑事：いい加減に白状しないか？　A子ちゃんに声を掛けて、それでどうした？
　　　被疑者：A子ちゃんに、「ドライブに行かないか？」と<u>誘って</u>……
　　　刑事：誘って、それで、どうした？
　　　被疑者：無下に断られて、カッとなって殺しました。
(11) 男：きょうは、久し振りに、山陰グルメコースと行こうか？
　　　女：あ、それ、いい！
　　　男：「日本海」でお酒を飲んで魚を<u>食べて</u>……。
　　　女：「大黒屋」で蕎麦を食べる、と。
　　　男：そうしよう。

これらの例では、ただ単に、後続が予定されている主節が何らかの事情で言わずじまいになっている。だから、その予定された主節が表現されない限り、文として不完全なままである。言い換えれば、いくら母語話者と言えども、言いさしの箇所までを呈示して、結局、その発話で何が言われようとしていたのかと問われても、それを言い当てることは不可能である。いろいろ予測は立とうが、その内容は十人十色だろう。

「終助詞的」というからには、文がそこで中止しているだけでは駄目で、その先を言わなくても、意味がそこまでだけで完結している、ということが必要である。実質的に、「言い切り」の形と等価値である、といってもよい。

このような意味での終助詞的な「て」の実例を、少し、詳しく見ていこう。1.では、終助詞的な「て」の用法として、① 事情の説明、②感嘆、③陳謝、④感謝、⑤非難、の5つの意味を表すものを列挙したが、数多くの実例を収集して分類してみると、だいたいこの5つの用法に収斂するようである。それぞれについて、検討していく。

2.1. 事情の説明

量的には、5つの用法の中でこの「事情の説明」の用法の用例が一番多く見つかる。最も単純なわかりやすい用例は、次のようなものである。

(12) 一の瀬　「(ドアを開けて覗く)「なにやってんの、さっきから？」
　　　響子　「あ、一の瀬さん。」
　　　　　　(二人で、酔いつぶれた朱美を運んでいく)
　　　響子　「助かった。ひとりじゃとても運べなくて。」
　　　一の瀬　「(朱美を覗きこんで)「ぐでんぐでんじゃないの。」
　　　朱美　「だーって客のおごりだつーから、ボトル一本あけちゃったー。」
　　　一の瀬　「客も災難だわ。」
　　　　　　　　　　　　　　　　(高橋留美子『めぞん一刻①』p.177)

(13) A　「あの子を家に入れるって——!?」

> B 「んー　浅山久央くんのご両親は海外を飛び回ってる音楽家で連絡がとれなくって。彼は一人暮らしだしケガが治るまではせめて――ね」
> A 「でもあの子ヘンなのよ」
>
> （喜多尚江「イチゴとメロンとオバケ」p.88）

　(12)は、酔いつぶれた女性を一人で運ぼうとして難儀をしていたところに援助が得られたときの安堵の気持ちを述べたものである。「助かった」という直接的な安堵の気持ちの表明を受けて、いかに自分が困っていたか、その事情を説明することによって、安堵の実感を表現している。一見したところ、「助かった」という発言内容の理由を述べている、ありふれたテ形の用法に見えるが、次のように、「完全文」に言い換えられないことに注目しなければならない。

　(12')　[#]ひとりじゃとても運べなくて、助かった。

(12')が示すように、この「言いさし文」は、主節と従属節の倒置ということでは説明できない。
　(13)は、Bが「浅山久央」を家に置くことに対してAが難色を示したことを受けて、Bが、自らの行為の釈明をしたものである。テ形節による「言いさし文」に込められた気持ちを汲めば、「だから、自分がそのようなことをしたのは、仕方がないことだったのだ」という気持ちである。事情を説明して、自分の行為の正当性を主張しようとしたと解釈される。
　次に挙げる(14)と(15)における「事情の説明」は、上の2例ほどは単純ではない。

> (14) 山岡　「ああ。また胃が。」（イテテテと腹を押さえる）
> 　　　栗田　（困ったな、という顔で）「……。」

山岡　「肝心の材料をなににするか、決まらないんだよ……。豚肉、鶏肉、牛肉、魚介類、野菜。全部やってみたけど……。これはと思えるものが<u>出来なくてね</u>……。」

　　　　　　　　　　　　　　（雁屋哲・花咲アキラ『美味しんぼ24』p.163）

(15)　吉行　「ムツゴロウ」というのは、例の九州の有明海にいるあのムツゴロウですか。

　　畑　だろうと思うんですがね。

　　吉行　「だろうと思う」って、人がつけたんですか。

　　畑　だいたい「毎日新聞社」が悪いんです。僕が「毎日グラフ」に『ムツゴロウの博物誌』という連載をはじめますときに、係の人が、僕の昔の仲間にあたりまして、僕の綽名を収集したらしいんです。そのなかにたまたま「ムツゴロウ」というのが<u>ありまして</u>。

　　　　　　　　　　　　　　（吉行淳之介『躁鬱対談』p.90）

(14)は、何の事情を説明したものか、強いて言おうとすれば、「自分が(胃が痛むほど)困っている」という事実であろう。しかし、その事実については明示的に表現されず、腹を押さえるなどの、非言語的な状況から察せられるのみである。心配そうな顔をする相手に対する発話(「肝心の」以下)は、単なる事実の報告に留まらず、相手が期待しているであろう事情の説明であることを明示している。

(15)は、自分に「ムツゴロウ」という綽名が付けられた経緯を説明している。ここにおいても、自らの発言の中に「ムツゴロウという綽名を付けられた」という旨の明示的な表現はなく、また、相手の発言にも、「ムツゴロウという綽名は、どのような経緯で付けられたのですか」という旨の明示的な質問もない。経緯の説明に対する相手の期待を察しての発言だと思われる。主節はないが、強いて補うとすれば、次のようになるだろうか。

(16)「それで、ムッゴロウという綽名が付いたのです」

もちろん、これがなくても、十分に意味が通じ、そればかりか、母語話者であれば、その解釈以外の解釈の可能性は、おそらく、ないだろう。

2.2. 感嘆

(17) 栗田　「海原雄山が食べに来たですって!?」
　　　山岡　「またイヤミを言ったのか!」
　　　カレー屋の妻　「(感激醒めやらぬ顔つきで)その逆です、主人のポークカレーをとてもほめてくださって……」

　　　　　　　　　　　　　　　(雁屋哲・花咲アキラ『美味しんぼ24』p.201)

(18) 五代　「(にこっと笑い掛けて)管理人さん、笑いましょう!!」
　　　響子　「え?(と不思議には思いつつも、にこっと笑う)」
　　　五代　「そうっ　笑顔が一番!!」
　　　響子　「そ、そうですね。」
　　　　　　(五代は、「まけるもんかーっ」と言いながら、トントントンと元気に二階に上がってゆく)」
　　　響子　「(心の中で)無理に明るくふるまって……。やっぱりなにかあったんだ。」

　　　　　　　　　　　　　　　(高橋留美子『めぞん一刻1』p.174)

「感嘆」という用語が最適かどうかわからないが、少なくとも、「感嘆」とでも言うしかないくらいに、感情の表現が未分化である。すなわち、話者は、テ形節で描写されたコトの生起自体に、強く感ずるところがあって発話しているのだが、その感情を分析することはせずに、ただ感じ入っている状態にいることを表現している。感情の種類は、(17)は「感激」、(18)は「あきれ」とでも言うべきものであると読み取れるが、ここで大事なのは、話者自身は、その種類に分け入ってまで明示的に表現していないことである。

2.3. 陳謝

(19) 響子 「あ、あのその節はお騒がせしまして……」
　　近所の奥さん 「いーのよ　いーのよ‼」
　　　　　　　　　　　　　　　　　　　　　　（高橋留美子『めぞん一刻①』p.199）

(20) 母親 「郁子の母でございます。このたびは無理を申しまして。」
　　（と頭を下げる）
　　五代 「いえいえとんでもない。」
　　　　　　　　　　　　　　　　　　　　　　（高橋留美子『めぞん一刻①』p.168）

　母語話者ならば、これらが、陳謝を意図して発話されたものであることを即時に理解することができるだろう。それほど、日本語において陳謝という言語行動を遂行する際に好んで用いられる文型である。

　ところが、興味深いことに、このような表現は、外国人学習者には、単なる言いさしの表現（→(10)(11)）にしか見えないことがあるようだ。試みに、中国人の留学生2名（彼らは、大学院入試に合格するほどの日本語能力の持主である）に聞いてみたところ、2人とも、これらの発話の意図を理解することができなかった。この、母語話者と外国人学習者とのギャップは、問題解決の方向を示唆しているようで、大変興味深い。

2.4. 感謝

(21) 五代 「あの。」
　　響子 「はい。」
　　五代 「ぼくのためにこんなに真剣になっていただいて。」
　　響子 「えっ⁉」
　　　　　　　　　　　　　　　　　　　　　　（高橋留美子『めぞん一刻①』p.79）

(22) 先日は、結構なものを頂戴しまして。　　　　　　　　　（作例）

　これらは、発話行為として見れば、「感謝」の意を表していると解釈でき

るが、言葉の文字通りの意味を考えてみると、相手が自分にしてくれたことを口に出してなぞっているにすぎない。しかし、だからと言って、次のように言ったとしても、これだけでは感謝の表明という発話行為を行ったことにはならない。

　　(22')[7] 先日は、結構なものを頂戴しました。

したがって、「終止形」で言い切りにせずに、テ形で言いさしにするという、文末形式の違いが、感謝の表明という発話行為の成立に、直接関わっていると考えるべきである。
　参考までに、(19)(20)で陳謝の意味が汲み取れなかった中国人留学生も、(21)(22)のような例については、感謝の意味を正しく理解できたことを申し添えておく。

2.5. 非難

　相手のしたことを口に出してなぞる、しかも、文末はテ形で、という表現方法で遂行される発話行為には、「感謝」のほかに、「非難」がある。

　　(23)「なんでだよー　去年の夏あたりからぱったりやめちゃって。わけ言ってよ　諦められないやんかー」
　　　　　　　　　　　　　　　　（岳倉暁美「悩める夜を抱きしめて」p.284)
　　(24)(五代が二階の窓から飛び降りようとしている。四谷と朱美が、止めている)
　　　　五代　「はなせーっ、飛びおりて死んでやるーっ!!」
　　　　四谷　「落ち着きなさいよ、五代くん。」
　　　　朱美　「模試に遅刻したくらいでなによ。」
　　　　　　(一の瀬が、二階の他の窓から、この様子を見て)
　　　　一の瀬「どうせ飛びおりるならビルの屋上から飛ばんかい。同情ひ

2. 「て」の終助詞的な用法

　　　　こうと思<u>って</u>!!」

　　　　　　　　　　　　　（高橋留美子『めぞん一刻①』p.22）

　同じテ形の言いさしの形が、「感謝」と「非難」という、正反対の発話行為に用いられるというのは、興味深い。
　ここでも、テ形の代わりに次のような「終止形」の文末形式にすると、非難のニュアンスは出てこない。それどころか、聞き手の身からすれば、わかりきったことを報告されることになり、談話を成さない。

　(23')[?] 去年の夏あたりからばったりやめちゃった。
　(24')[?] 同情ひこうと思った。

　このような考えにしたがって、さきほどの「陳謝」を振り返ってみると、テ形節で表された行為の行為者が話し手であるか聞き手であるかの違いがあるだけで、成立事情は「感謝」、「非難」と同じであることに気づく。すなわち、「陳謝」においては、申し訳なく思う自分の行為自体をそのまま口に出して言うことが、陳謝という発話行為を遂行したことになるわけである。
　また、「陳謝」「感謝」「非難」と「感嘆」との間にも、共通点が見出せる。「感嘆」の用法では、テ形節で表された事柄に対して、「感嘆」としか言いようのない未分化の感情を抱いていることを表す表現だとしたが、「陳謝」「感謝」「非難」では、感情の内容は比較的分化している。「陳謝」と「感謝」では、申し訳なさ、ないしは、恐縮の気持ちで、「非難」では、相手を責める気持ちである。しかし、よくよく考えてみると、そのような気持ちの分化は、特定の文脈において特定の相手に対して発せられたことにより汲み取れる（具体化できる）もので、そのような特定の要素が手掛りとしてなければ、テ形節自体の表すものは、「感嘆」の用法と同様に漠とした感情であることに変わりない。
　逆に言えば、「感嘆」の用法のテ形節も、文脈さえ用意されれば、「感謝」

第6章 テ形節による「言いさし文」

や「非難」の読みが出てくる。次のペアを比較されたい。

(25) 栗田 「海原雄山が食べに来たですって!?」
　　　山岡 「またイヤミを言ったのか!」
　　　カレー屋の妻 「(感激醒めやらぬ顔つきで)その逆です、主人の
　　　　　ポークカレーをとてもほめて<u>くださって</u>……」

　　　　　　　　　　　　　　　　　　　　　　　　　(= (17))

(25') 「まあ、海原先生!先日は、主人のポークカレーをとてもほめて<u>く
　　　ださって</u>……。おかげさまで、主人は、あれ以来、自信満々で店に
　　　出ています」

(26) 五代 「(にこっと笑い掛けて)管理人さん、笑いましょう!!」
　　　響子 「え?(と不思議には思いつつも、にこっと笑う)」
　　　五代 「そうっ　笑顔が一番!!」
　　　響子 「そ、そうですね。」
　　　　　(五代は、「まけるもんかーっ」と言いながら、トントントンと
　　　　　元気に二階に上がってゆく)
　　　響子 「(心の中で)無理に明るく<u>ふるまって</u>……。やっぱりなにか
　　　　　あったんだ。」

　　　　　　　　　　　　　　　　　　　　　　　　　(= (18))

(26') 「一体、何なの、きのうの行動は?無理に明るく<u>ふるまって</u>。あん
　　　なことしなくてもいいじゃないの」

上の例が示すように、「陳謝」「感謝」「非難」は、発話行為の観点からすると別個の項目を立てて分類することに意義があるかもしれないが、この構文の文字通りの意味から考えると、基本的には、すべて、「感嘆」の特殊な用法だと考えられる。
　以上を踏まえて、テ形節による「言いさし文」の用法を分類・整理すると、次のようになる。

(27) テ形による「言いさし文」の用法

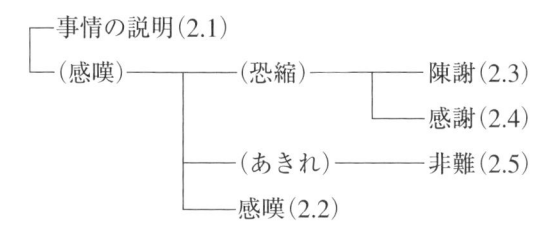

```
　　┬事情の説明(2.1)
　　├(感嘆)────(恐縮)────陳謝(2.3)
　　│　　　　　　　　　　└感謝(2.4)
　　├────(あきれ)────非難(2.5)
　　└感嘆(2.2)
```

　このうち、第2部のテーマである関係づけの「言いさし文」は、2.1で見た「事情の説明」の用法である。従属節と関係づけられるべき事態は、文脈上に見つけることができる。テ形節による「言いさし文」が完結性を獲得するのはそのためである。

　そのほかの「感嘆」「陳謝」「非難」の用法は、「言い終わり」の文ではあるが、関係づけられるべき事態が文脈上に存在していないので、定義上、言い尽くしの「言いさし文」だと考えられる。

3. テ形節による「言いさし文」の文脈依存性

　2. では、接続助詞の「て」の終助詞的な用法、すなわち、テ形節で言い終わる「言いさし文」を実例に則して概観した。「て」を接続助詞とする従来の分析は、必ずしも適当でないかもしれないが、従属節を形成する点においてほかの接続助詞と共通していることは確かなので、説明の便宜上、同列に扱った。

　しかし、そのテ形節による「言いさし文」の表現について、文字通りに終助詞的な用法と認めていいかどうかについては、もう少し、慎重な検討が必要なようである。2. では、「それ以上言わなくても、意味が理解できるので、言いさしの形でも、不完全な感じを与えない」という事実を以て、そのようなテ形節の用法を終助詞的な用法と判断したが、果たして、その基準は、適切だろうか。

　ここで、改めて、「終助詞的」であるということの内実を吟味しておかな

けらばならない。終助詞的な用法と終助詞としての用法とは異なるはずである。ある一定の基準を設けて、境界線を画定しなければ、問題の本質は浮き彫りにできまい。

そこで、ある接続助詞の用法を終助詞的な(あるいは終助詞としての)用法と認める統語的・意味的な基準を、次のように定める。

(28) a. 文末で使われる。
b. 文脈に依存しなくても、単独で意図した意味を表すことができる。

ここで重要なのは、(28a)の統語的な条件を満たすだけでは終助詞的と認められないことである。(28b)の意味論的・語用論的条件は、たまたま文末で使われた疑似終助詞的な接続助詞を排除するために設けたものである。

この基準に当てはめると、2. で見たテ形の用法は、どうだろうか。

(29)「遅いじゃないか、海原雄山と帝都新聞側はもうとっくに来てるよ。」
「すみません、成田まで蟹を取りに行ったら、渋滞に巻き込まれて。」　　　　　　　　　　　　　　　　　　(=(5))

これは、2. の分類でいくと、①「事情の説明」の用法である。(28a)の条件はいいとして、(28b)の条件は、満たしているだろうか。

文脈から分離して、この文だけを見ても、「事情の説明」という解釈は、出てこない。この解釈は、遅れて到着したことを非難する相手の言葉に対してなされた応答の発言という状況設定があって初めて可能になる解釈である。「言いさし文」にしても不完全な感じを与えないのは、「事情を説明すべき事実」(この場合、「遅れて到着したこと」)が、先行する文脈によって既に与えられているためである。この先行文脈がなければ、前節の(10)、(11)と同様の、単なる不完全な「言い残し」の文にすぎない。

3. テ形節による「言いさし文」の文脈依存性

「事情の説明」の用法は、その性質上、どんな場合でも、「事情を説明すべき事実」の存在を前提としている。したがって、少なくともこの用法のテ形については、終助詞的とは言いがたい。われわれが、終助詞とは似て非なるものを「終助詞的」とみなすのは、「従属節だけで言いさしても意味が完結している」という、結果としての事実のみに着目しているからであり、その意味の完結性が、先行文脈と関係づけることによって保証されているという事実に目を向けていないためだと言える。

それでは、それ以外の用法、すなわち、「感嘆」の用法と、それの特殊なケースである「陳謝」や「感謝」・「非難」の用法はどうか。

(30)「このマフラー、あったかくて、あったかくて。」
(=(6))

(31)「あ、あの　その節はお騒がせしまして……」
(=(7))

(32)「ぼくのためにこんなに真剣になっていただいて。」
(=(8))

(33)「考え直させるどころかあおりやがって」
(=(9))

これらの文は、前後の文脈から切り離して単独で提示しても、それぞれの意味するところを解釈できる。その点で、文脈依存性の強い「事情の説明」の用法と異なり、終助詞的と認定してもよいような印象を与えるかもしれない。

しかし、このような文とても、実際に使われる文脈抜きにしては、個別の意味を導くことはできない。もっと言えば、上の文は、どのような文脈で使うのかということが、何らかの理由で(多くの場合、常識に照らしてみて)すぐに察しがつくので、文脈抜きにして提示されても、言わんとするところが理解できるのである。

一番わかりやすいのが、(33)の例である。「～やがる」という述語は、他人の行為を軽蔑的に言うときに使う待遇表現である。また、「考え直させるどころかあおった」という内容は、具体的な状況は察しがつかないにしろ、何か、望ましくない方向に行動を起こしたという印象を与えるものである。このような条件が揃えば、主節が欠落していても、言わずにおかれた主節の内容は、次の(34)に示すように、復元しようとすれば、いろいろな言い方はできようが、いずれにしても、相手を非難するような内容であろうことは、容易に推測がつくだろう。

(34) a.　困ったやつだ。
　　　b.　悪い男だ。
　　　c.　いい加減な人だ。

　反対に、語彙的・内容的な手掛かりのない、次のような文は、これだけでは、「非難」の意味をこめて発話された文と解釈することは、難しいだろう。

(35) a.　タクシーで行って。
　　　b.　窓から手を振って。

というのも、「タクシーで行く」コト、「窓から手を振る」コトが、非難されるべきことだという含意が、この文だけでは、読み取れないからである。次のように、非難を匂わすような語句を付け加えれば、「非難」の読みも、可能になるかもしれない。

(35') a.　高くつくのに、タクシーで行って。
　　　b.　駄目だと言ってるのに、窓から手を振って。

(35)と(35')の解釈の違いは、「て」という接続形式それ自体には、終助詞的な意味がないことを示唆している。

このことは、(35)の文が実際の発話場面において「非難」の意味に解釈できない、ということを意味するわけではない。聞き手が発話時点で「タクシーで行く」という行為を完了している場合や、「窓から手を振る」という行為をしている場合（進行中・完了いずれでもよい）に、話し手が(35)をしかるべきイントネーションで発話した場合には、聞き手は、自分が非難されているということを容易に理解するだろう。この場合は、①話し手が自分のした行為について、何か言おうとしている、②話し手は責めるような口調で言っている、という場面的な要因の支援があるので、「非難」の解釈が引き出されるのである。したがって、テ形節による「言いさし文」という形式そのものに「非難」の意味があるわけではないことに変わりはない。

同じことが「陳謝」や「感謝」の用法についても言える。これらの用法においても、テ形節で表された内容が「陳謝」や「感謝」の対象となる行為として持ち出されていることが何らかの手掛りによって容易に理解されるのであって、テ形自体から「陳謝」や「感謝」の意味が導き出されるのではない。

(36)「あ、あの　その節はお騒がせ<u>いたしまして</u>……」
(=(31))

(37)ぼくのためにこんなに真剣になって<u>いただいて</u>。」
(=(32))

(36)を「陳謝」の表現と解釈できるのは、①「その節は」という改まった前置きの言葉、②「騒がせる」ということの常識的な意味合い、③「お～する」という待遇表現から解釈される動作の仕手と受け手、という諸々の手掛りがあるからである。また、(37)においても、「ぼくのために」や「いただいて」という言葉から、話し手の受益意識がわかるので、容易に「感謝」の表現と理解できるのである。

少々厄介なのが、(38)のような独り言的な「感嘆」の用法である。

　(38)「このマフラー、<u>あったかくて</u>　あったかくて。」
　　　　　　　　　　　　　　　　　　　　　　　　　　　(=(30))

このような「感嘆」の用法は、「非難」「感謝」「陳謝」と異なって、対人的な発話行為ではないので、その発話の意図を認定することが難しい。対人的な発話行為の場合には、主節の内容に相当する事態を発話の意図により比較的容易に言語化することができるが、「感嘆」の用法の場合は、先にも述べた通り、未分化な感情を表している。すなわち、「表現を意図された感情＝主節に相当する内容」という関係にはなっておらず、むしろ、意図された感情は、「言いさし文」そのものに込められているようである。

　それならば、主節が想定しにくいこの用法こそが本当の終助詞的な用法として残るのかというと、そうとも単純には言えない。

　ほかの用法と同様に、この用法においても、「言い切り」の形にせずに従属節による「言いさし」の形で提示することによって意図された感情が表現されることは、次のように、本当の「言い切り」の文と比べてみたときの余情の違いを観察すれば、納得できる。

　(39) a.　このマフラー、あったかい(よ)。
　　　 b.　このマフラー、あったかくて。
　(40) a.　黒田先輩って、とってもやさしい(よ)。
　　　 b.　黒田先輩って、とってもやさしくって。

　各組のａの文は、それぞれ、単に「あたたかい」コト、「やさしい」コトを断定的に報じているだけであるのにたいして、ｂの文は、さらに総合的な価値判断を暗示しているように受け取られる。その判断は、次のように主節を補うことによって言語化できるだろう。

(39') このマフラー、あったかくて、
　　　　　　気持がいい。
　　　　　　わたしは幸せだ。
　　　　　　好きだ。
　　　　　　いい。
(40') 黒田先輩って、とってもやさしくて、
　　　　　　すてきだ。
　　　　　　大すきだ。
　　　　　　いい。
　　　　　　わたしは幸せだ。

　補った結果を見て言えることは、好悪・快不快といった、比較的未分化な感情表現を想定できることである。未分化ということは、取り立てて言語化するほど、情報価値はないと言ってもよい。従属節の部分さえ発話すれば、その文の発話意図が、好悪・快不快などの感情の表明であることがわかるので、主節を言わずに言い終わったものと考えられる[3]（その際、実際の発話場面では、話し手の表情やイントネーションが解釈の手掛りとなることは、「非難」の意味の解釈の場合と同様である）。

　このことは、終助詞的な用法の成立の可否に、従属節の意味内容が決定的に関わっていることを意味している。すなわち、文脈を顧慮せずとも「感嘆」の意味を読み取れるような終助詞的な用法は、従属節の内容が、常識から判断して、好悪・快不快などの感情を感嘆的に表現していると推測できるものに限って成立する、ということである。だから、次のような文は、これ単独では「感嘆」の意味に解釈しようがない。

---

[3] 従属節を提示すること自体が感情の表明に結びついている点では、タラ節・レバ節による「言いさし文」との類似性が認められる。

(41) このお花、赤くって。

(42) あの人、靴下が白くって。

　ただし、これとても、「非難」の場合と同様に、十分な文脈（発話するときの表情やイントネーションなども含む）さえ用意すれば、「感嘆」の意味に解釈することができる。したがって、いずれにしても、「感嘆」の用法の成立に与かっているのは、主節が欠落していても言わんとする意味が通じるかどうかという文脈依存の条件だということがわかる。

　さて、この「感嘆」の用法で注目に値するのは、なぜbのように言いさしにするとaの文になかった余情が出てくるのか、ということである。すなわち、上のbの文の持つ余情は、主節を発話しないことによって主節に相当する内容を表現しているというパラドックスによって支えられているのである。主節に相当する内容は、言語化された場合には情報的に無価値であるが、従属節による「言いさし文」という統語的に不完全な表現を選択することによって、影の意味として暗示される。その影の意味が余情の正体である。言い換えれば、「言いさし文」にしないで、「言い切り」の表現を選択した場合（→(39a)、(40a)）、構文的な不完全さが解消することと引き替えに、このような余情も消えてしまう。

　以上のように考えると、この「感嘆」の用法も、ほかの用法と同様に、主節を言わないという、文脈依存の原理によって成り立っているものだということがわかる。依存する文脈が、文の内部（前件と後件の関係）に限定される局所的なものであるために、文脈に依存せずに出てくる意味のように見えるが、言語外の常識に支えられて意味解釈が可能になる表現なので、やはり、真の意味での終助詞的な表現ということはできない。

4.　まとめ

　テ形節で言い終わる文において、「て」は終助詞的に見えるかもしれないが、あくまでも括弧付きの「終助詞的」であって、実際は、文字通りに終助

詞的であるのではない。従属節の内容事態と関係づけるべき事態が文脈上（言語的・非言語的のいずれも含む）に存在する場合や、従属節を提示することによって話者の評価的態度を表出する場合に、主節を想定せずに従属節だけで言いたいことを言い終わる文になると考えるべきである。

さらに、本章では、一見「終助詞的」にも見えるテ形節による言いさしが真に終助詞的であるかどうかを検討することを通じて、いかにこの表現が文脈に依存したものであるかということを確認した。正体は、文脈に依存して解釈が可能になる表現であり、その意味で少なくとも文レベルでは不完全な表現であるのに、談話レベルでは、言い切りの形式と等価の完結性を備えているように見えるところが、このテ形節による「言いさし文」のおもしろさである。

このことは、何もテ形節に限ったことではない。これまで考察してきたケド節、カラ節、シ節など、ほかの従属節による「言いさし文」も、文脈に依存して完結性を獲得しているのであり、その意味では、真に終助詞的とは言えないのである。[4]「言い切り」の形に接続するか否かという形態論的な違いから一方は終助詞的で他方は終助詞的でないとする分析は、品詞論的な議論に矮小化された考え方だと言わざるをえない。

---

[4] 高橋（1993:26）は、「省略による述語形式は、だいたいにおいて、文脈のおせわにならなくても、それがどんなのべかたの文であるかを理解できる」と述べているが、この見解には筆者は賛成できない。

第2部のまとめ

　第2部では、従属節で表される事態が文脈上のほかの事態と関係づけられることによって話し手の言いたいことが補完される、関係づけの「言いさし文」について考察した。

　カラ節の談話機能は、話し手がある事態 S_2 を既に持っている知識と照らし合わせて納得の行く事態として受け止める態度を表すことである。すなわち、S_2 という事態に接しての「S_1 カラ。」という発話の意味は、「S_2 という事態は、S_1 という既に明らかな事実の存在を考えるとそれの自然な帰結として納得が行く」ということである。「どうしてそうなのか」ということは問題にならないという点で「S_1 カラダ。」という表現と異なる。

　また、カラ節のこのような談話機能は、**ノニ節**による「言いさし文」の談話機能と対照的である。ノニ節は、ある事態を既存のほかの事態についての知識と照らし合わせて意外なこととして受け止めることを表す。

　シ節の談話機能は、シ節の内容が成り立つだけでなく、それ以外にも成り立つような文内容Xが併存することを示すことである。「言いさし文」で使われた場合、シ節の内容を先行する文内容に遡及的に関係づける機能がある。また、先行文脈上には明示されていないがシ節の内容と併存するような事柄が存在することを暗示する用法もある。

　テ形節の談話機能は、説明すべき状況と関係づけて、事情の説明をすることである。「完全文」における原因・理由を表すテ形の用法の延長線上にある用法だが、「言いさし文」のテ形は、必ずしも「完全文」に言い換えられないことに留意が必要である。

　なお、テ形節による「言いさし文」は用法が多岐にわたっており、関係づけによる「事情の説明」の用法以外にも、「感嘆」「感謝」「非難」など、言い尽くしに相当する用法もある。

　本章の結論をまとめると、次のとおりである。
　①関係づけの「言いさし文」においては、節の内容と関係づけるべきほか

の事柄が文脈上に見つかるために独立文と同等の完結性が生じる。

②関係づけの「言いさし文」は、事態に接しての受け止め方(納得／意外)を表したり(カラ節、ノニ節)、併存する事柄を追加的に認識したり、その存在を暗示したり(以上、シ節)、背後の事情を把握したり(テ形節)するなど、話し手の何らかの対事的な態度を表す。

第3部

文としての「言いさし文」

第1部・第2部では、カラ節、ケド節など、個別の従属節によって構成される個々の「言いさし文」を対象に、序論で掲げた問題①、②（以下に再掲）について考察した。

　①「言いさし文」が独立文と同等の完結性を持つのはなぜか。
　②「言いさし文」はどのような機能を持つか。

　この第3部では、ここまでの議論の総括として、一人前の文でないように扱われてきた「言いさし文」が一人前の文と同等に扱われるべきであることを論じる。
　この議論は、残る今一つの問題③に対して解答しようとするものである。

　③日本語の文法体系の中で従属節をどのように位置づけたらよいか。

　まず、第7章においては、文法論的な観点から、談話レベルにおける「言いさし文」と独立文の平行性および「言いさし文」と「完全文」の従属節との異質性を論じ、「言いさし文」の文法体系上の位置づけを試みる。
　次に、第8章においては、日本語教育の観点から、文レベルでの「文型」に囚われがちな従来の日本語教育文法の問題点を指摘し、「言いさし文」を「完全文」とは別立てで説明することの必要性を論じる。

― 第7章 ―
「言いさし文」の文法的位置づけ

1. はじめに

　この章では、第1部と第2部での議論を受けて、談話レベルにおける「言いさし文」と独立文の平行性および「言いさし文」と「完全文」における従属節との異質性を論じ、「言いさし文」の文法体系上の位置づけを試みる。

2. 「言いさし文」と独立文の平行性[1]

　この節では、「言いさし文」の談話機能がモダリティ形式や接続詞を伴った独立文の働きと平行的であることを示し、談話レベルにおいては、独立文と従属節の区別が解消されることを論じる。

2.1. 言い尽くしの「言いさし文」―対人的な態度を表す機能―

　言い尽くしの「言いさし文」においては、基本的には、対人的なモダリティ形式を伴った独立文との平行性が見られる。

[ケド節、カラ節の機能]

　まず、ケド節、カラ節による「言いさし文」については、終助詞「よ」や「ぞ」「ね」が付加された独立文との平行性が見られる。
　たとえば、次の(1)(2)(3)におけるケド節は、それぞれ(1')(2')(3')に示すように、接続助詞「けど」を終助詞「よ」または「ね」に言い換えることにより、独立文の表現に言い換えることが可能である。

---
[1] 本節の議論は、白川(1995c)での議論を元に全面的に書き直したものである。

第7章 「言いさし文」の文法的位置づけ

(1) 信吾 「福島から、電話なかったか？」
    香織 「なかった<u>けど</u>」
    信吾 「そうか」

（山田太一『想い出づくり』p.185)

(2) こずえ 「ほかにつきあってる女の子いるのかしら？」
    響子 「さあ…あなただけみたいです<u>けど</u>。」
    こずえ 「ほんとですか!!」
    響子 「ええ。」

（高橋留美子『めぞん一刻②』p.188)

(3) ［桜田淳子へのインタビュー記事より］
    －ある週刊誌のインタビューで、結婚は単に惚れたはれたでするものではないと発言していました<u>けど</u>。
    淳子：私、それは最初からそう思っていたんです。（略）

（三原 1995:84)

(1') 香織 「なかった<u>よ</u>」
(2') 響子 「さあ…あなただけみたいです<u>よ</u>。」
(3') ある週刊誌のインタビューで、結婚は単に惚れたはれたでするものではないと発言していました<u>ね</u>。

また、次の(4)(5)における「から」は、それぞれ(4')(5')に示すように、終助詞の「よ」または「ぞ」「ね」で言い換えることが可能である。

(4) 良介 「ややこしいやっちゃなあ」
       と、出ていく。
    良介 「ちょっと、煙草買うてくる<u>から</u>」

（鎌田敏夫『男女7人秋物語』p.117)

(5) 　　　　時計は七時。
　　　　　　厳しい稽古の力士たち。
　　　　　　ひらり、いつもの席で、いつものようにひざを抱えて見ている。
　　　　　　梅若が入ってくる。
　　梅　若　きちんと座れッ！
　　　　　　ひらり、ハッとして正座する。
　　ひらり　（両手をつき）おはようございます。
　　梅　若　ん、おはよう。それから、ここはお客が座る席だ<u>から</u>。
　　　　　　ひらり、あわてて立ち上がり、戸口の方の末席に正座する。
　　　　　　　　　　　　　　　　　　　　　（内館牧子『ひらり3』p.251）
(4') 良介「ちょっと、煙草買うてくる{ね／よ}」
(5') 梅　若　ん、おはよう。それから、ここはお客が座る席だ{ぞ／よ}。

　逆に、たとえば、次の(6)(7)における「よ」「ね」は、それぞれ、(6')(7')に示すように、「けど」や「から」で言い換えることができる。

(6) 良雄　「（受話器をとり）仲屋、酒店です」
　　耕一の声　「（電話を通した大声で）あ、俺だ」
　　良雄　「（そのままの声で）あ、兄ちゃん。いま、あの、たったいま、
　　　　　義姉さんから電話あった<u>よ</u>」
　　　　　　　　　　　　　　　　　　　（山田太一『ふぞろいの林檎たち』p.211）
(7) ひらり　お父さん、こっちも飲もうか。
　　洋　一　よーし。妻の留守　娘二人と　雪見酒。決まった！　と
　　　　　　言っても雪には早いか。
　　　　　　陽気に笑う洋一。
　　　　　　ひらり、みのり、顔を見合わせて立ち上がる。
　　ひらり　ちょっと、おつまみ作る<u>ね</u>。
　　　　　　ひらり、みのり、台所へ。
　　　　　　　　　　　　　　　　　　　　　（内館牧子『ひらり3』p.235）

第7章 「言いさし文」の文法的位置づけ

(6')たったいま、義姉さんから電話あった {から／けど}。

(7')ちょっと、おつまみ作る<u>から</u>。

よく知られているとおり、「よ」「ね」「ぞ」という終助詞は、「話し手と聞き手の間の認識のギャップをうめることにかかわる表現手段」[2]である。「よ」は、「その文の内容が認識されるべきだと話し手が考えていることを表す」[3]。「ぞ」は、「聞き手に対して用いると、文の内容を聞き手に認識させて、聞き手の認識を変えようとしていることが表される」[4]。「ね」は、「文の内容と聞き手の知識が一致しているかどうかを確認し」[5]たり「文の内容と聞き手の認識の一致を促し」[6]たりする機能を持つ。

第1部における考察で明らかになったように、ケド節やカラ節による「言いさし文」にも、聞き手の認識状態に対して何らかの改変を加える情報を提示する機能がある(カラ節の場合は、さらに、聞き手による何らかの行為の実行まで見込まれている)。命題内容をケド節やカラ節による「言いさし文」の形で発話することは、「話し手と聞き手の間の認識のギャップをうめる」意図を明示的に表現するという点で独立文に終助詞を付加して発話することと平行的である。

このように、ケド節やカラ節による「言いさし文」は、機能的には、終助詞と同様に、聞き手の認識状況に配慮しながら命題内容を提示する対人的モダリティを担う形式の一つとして位置づけることができる。

[タラ節・レバ節の機能]

第1部第3章で見たとおり、タラ節・レバ節による「言いさし文」には、

---

[2] 陳(1987)、p.94。

[3] 宮崎ほか(2002)、p.267。

[4] 上掲書、p.269。

[5] 上掲書、p.278。

[6] 上掲書、p.279。

2. 「言いさし文」と独立文の平行性

次の(8)(9)のように「勧め」を表す用法と、(10)(11)のように「願望」を表す用法がある。

(8) シャワー<u>使ったら</u>？

(内館牧子『ひらり1』p.478)

(9) ひらり、竜太先生と<u>つきあえば</u>。

(内館牧子『ひらり3』p.91)

(10) 僕はね、二号店は大きなデパートの中に出して、三号店はハワイに<u>出せたら</u>って思ってる。

(内館牧子『ひらり3』p.133)

(11) せめて非常勤講師の口でも<u>あれば</u>……。

(高橋留美子『めぞん一刻⑮』)

「勧め」は対人的モダリティの一種であり、「願望」は対事的モダリティの一種である。いずれの用法においても、「言い尽くし」が認められるので、独立文と平行的な完結性は備えていると考えられるが、問題は、異なる2つのモダリティ的な性質を併せ持つこの形式をどのように位置づけるかである。

結論的に言えば、タラ節・レバ節による「言いさし文」は、対事的モダリティと対人的モダリティの両方にまたがる機能を持つ形式として位置づけることができる。「言いさし文」の類型としてはケド節・カラ節と同様に「言い尽くし」のタイプであるためにこれらとともに第1部で検討したが、モダリティ的には、第2部で論じたカラ節・ノニ節・シ節・テ形節と同様に対事的モダリティの側面も持つ、中間的な存在であると言える。

タラ節、レバ節による「言いさし文」には、次のような評価のモダリティ形式との平行性が見られる。

(12) 君には素質がある。役者になるべきだ。

(日本語記述文法研究会（編）2003:106)

(13) 傘を持って行ったほうがいいよ。雨が降りそうだから。

(宮崎ほか 2002:119)

　(12)の「べきだ」、(13)の「ほうがいい」が「たら？」や「ば？」で言い換え可能なことからもわかるように、タラ節・レバ節による「言いさし文」は、機能的には評価のモダリティを担う形式の一つとして位置づけることができる。

　それは、タラ節・レバ節による「言いさし文」の意味を考えれば、納得の行くことである。第3章で見たとおり、「願望」の用法の条件節は、条件節の内容の実現それ自体に対しての話し手の評価的感情を表出したものであり、それが聞き手あての表現に移行したもの、すなわち、聞き手の行為について聞き手に持ちかけたものが「勧め」の用法である。

　条件節による「言いさし文」と評価のモダリティ形式との平行性は、事態に対する話し手の態度を表すという基本的意味に認められるだけではない。評価のモダリティ形式が、(8)(9)のように、「勧め」の用法を派生させるのと同様に、条件が揃えば、対事的モダリティの表現から対人的モダリティの表現へと移行するという派生関係においても、両者の平行性が認められる。

2.2.　関係づけの「言いさし文」—対事的な態度を表す機能—

　関係づけの「言いさし文」においては、話し手の認識に関わるモダリティ形式や接続表現を伴った独立文との平行性が見られる。言い尽くしの「言いさし文」が基本的には対人的なモダリティ形式と対応していたのに対して、関係づけの「言いさし文」は、基本的には、対事的なモダリティ形式と対応している。

2. 「言いさし文」と独立文の平行性

[ノニ節・カラ節の機能]

　関係づけの「言いさし文」の典型例は、次の(14)〜(16)ように、ノニ節で終結した文である。

(14)大吉はキョロキョロと部屋を見回しながら、
　　「寿司ッ。遊ちゃんに食わせてやりたいと思ってさ」
　　と、包みをテーブルの上に置いた。
　　「もう寝ちゃった」
　　長子の言葉に、大吉は落胆の色を浮かべた。
　　「何だ、起きてるうちにって、急いで帰って来た<u>のに</u>……。起こしなさい。起こして来なさい。食わしてやりたいんだよ、喜ぶよ、遊ちゃん」
　　　　　　　（橋田壽賀子『渡る世間は鬼ばかり　Part2　春夏篇』p.264）
(15)桃子がお茶を入れている。
　　桃子　「何、黙りこんでるのよ、二人とも」
　　千明　「私……帰る」
　　と、立ち上がる。
　　良介が、千明を見る。
　　桃子　「何言ってるのよ、こんなに雨がひどくなっている<u>のに</u>」
　　　　　　　　　　　　　（鎌田敏夫『男女7人夏物語』p.217）
(16)京子　「社長がお出掛けだそうです」
　　辰巳　「何処に?!」
　　京子　「噴水見学ですワ」
　　辰巳　「このバカ寒い<u>のに</u>?!　磯崎も一緒かね」
　　　　　　　　　　　　　（市川森一『傷だらけの天使』p.93）

　ノニ節による「言いさし文」は、ある事態に対して、その事態を文脈上に既に存在するほかの事態と照らし合わせることにより、その事態を意外なこ

173

ととして受け止める話し手の心的態度を表す。

それと対照的に、カラ節による「言いさし文」は、ある事態をもっともなこととして認識する話者の心的態度を表す。

第4章で挙げた実例を再び観察してみよう。

> (17) 時枝 「自炊はどう？　外食より、お金かかってんじゃない？」
>   栄介 「章ちゃんが、上手くやってくれてるよ。」
>   時枝 「……そう。あの人、意外とケチそう<u>から</u>ね。」
>
> (市川森一『黄色い涙』p.128)
>
> (18) 謙作 「いや、我ながら無粋な話だが、本当をいうと、趣味なんてものに興味がない。正直、早く元気になって仕事がしたいんだねえ。」
>   宮部 「部長、若い<u>から</u>なあ。」
>   謙作 「結局、仕事しかないんだ。」
>   宮部 「昭和ヒトケタ。（苦笑）」
>
> (山田太一『岸辺のアルバム』p.313)

(17)において、カラ節は、「(自炊は)章ちゃんが上手くやってくれている」という直前の聞き手の発言を承けて、その内容について、既に自分の頭の中にある「章ちゃんは意外とケチそうだ」という知識と照らし合わせて、納得していることを示している。

(18)についても同様で、「早く元気になって仕事がしたい」と言われたのを承けて「部長は若い」ということを考え合わせることで納得している。[7]

---

[7] 話者によっては、これらのカラ節は、後で述べるシ節と置き換え可能と感じる人があるかもしれない。しかし、筆者の直観では、シ節に置き換えると微妙に意味がずれる。カラ節では単に因果関係を突き止めて納得しているニュアンスだが、シ節には別の要因を累加して言っているニュアンスがある。

　もっとも、この解釈には、方言による違いもあり得る。関西方言では、ほぼ問題なくカラ節とシ節が置き換え可能なようである。

2.「言いさし文」と独立文の平行性

なお、上の例は話し手自身の自己完結的な納得の例だったが、次の(19)のように、聞き手に向けて使われることにより聞き手の自己納得を促す場合もある。

(19) 旅館の主人「しかし、屋根が飛ぶとはねえ」
　　　味噌屋の主人「古い倉庫です<u>から</u>」
　　　　　　　　　　　(NHK 総合テレビ「かりん」1993.10.26 放映)

このような場合は、対事的な態度を表す本来的な用法から、聞き手めあて性を帯びることによって、対人的な態度を表す用法へと移行しているものと考えられる。

さて、ノニ節・カラ節による「言いさし文」は、話し手の事態の認識のしかたに関わるという点で、次のような終助詞を伴った文との平行性が見られる。

(20) a.　あ、だれかいる<u>ぞ</u>。
　　　b.　[おかずを一口食べて] あれ、味が変だ<u>ぞ</u>。
　　　　　　　　　　　(日本語記述文法研究会(編) 2003:245)
(21)　　朝食はご飯がいいです。日本人です<u>もん</u>。
　　　　　　　　　　　(上掲書、p.270)

話し手がある事態を「意外/当然」と受け止めることを示すノニ節・カラ節は、「新たな認識が成立したことを表す」[8] 終助詞「ぞ」や、「話し手が個人的に理由と考えている」ことを「動かしがたいものとして」示す[9]「もん」と同様に、話し手が発話状況をどう認識しているかを表すモダリティ形式の一隅に位置づけることができる。

---

[8] 日本語記述文法研究会(編)(2003:245)。
[9] 日本語記述文法研究会(編)(2003:271)。

[シ節の機能]

　ノニ節とカラ節が節の内容をほかの既定の事態に関係づけて把握することによって結果的に「意外」「当然」といった評価的な判断を表すのに対して、シ節は、節の内容をほかの事態と関係づけて把握する態度それ自体を表すことをその働きとする。

　第5章において挙げた次の例で振り返ってみよう。

> (22) **阿川**　ご主人のスキャンダルは、それほど気になりません……か？
> **橋本**　だって、いちいち気にしてたらどうなるの。私も別にカッコ悪いとは思ってなかったから、モテるのも分かる<u>し</u>……。
> 　　　　　（阿川佐和子『阿川佐和子のこの人に会いたい』p.117）

　(22)で、「夫のスキャンダルが気になるのではないか」という趣旨の「阿川」の発言を承けて、「橋本」は、ひとまず「いちいち気にしていたらきりがない」と言った後で、言うべき内容がそれだけでないことに気づき、それと併存する内容として、「私も夫がもてることが理解できる」ということを追加的に述べている。

　次の例文も同様に説明できる。

> (23) **阿川**　巷間噂されているスポーツキャスターへの道とかは？
> **有森**　そういう道は、納得いく形で自分を生かすことはできないと思います。魅力も感じていません<u>し</u>。
> 　　　　　（阿川佐和子『阿川佐和子のこの人に会いたい』p.202）

　一般に、「Pシ」は、文内容Pが成り立つだけでなく、それ以外にも成り立つような文内容Xが併存することを表すと考えられ、Xに相当する内容は、書き言葉ではシ節に後接する主節として表現されるのが普通だが、それだけでなく、(22)(23)のように、単独で先行する文の内容に遡及的に関係づけ

ることも可能なわけである。

　もっと言えば、(22)(23)におけるシ節は、それぞれ、次の(22')(23')のように接続詞を伴った独立文と同等の談話機能を持っていると言える。

　　(22')　<u>それに</u>、私も別にカッコ悪いと思ってなかったから、モテるのも分かる。
　　(23')　<u>それに</u>、魅力も感じていません。

　なお、シ節による関係づけは、累加的なものとは限らない。次のように対立する内容であっても併存するものであれば関係づけることができる。

　　(24)　**阿川**　ちょっと先の話になりますけど、例えば結婚して家庭を持って、引退した後に、こういう人生を過ごしたいという夢はありますか。
　　　　若ノ花　それは、ある程度あります。奥さんや子供と離れないような仕事がしたい。(中略)自分は(部屋を)継ごうと思ってませんから。親方を見てると、すごいキツい仕事なんで、あまりやりたくないなぁと。反面、親孝行もしたい<u>し</u>……、今の時点では迷ってますが、それはもう少したってから考えたほうがいいんじゃないかと思ってます。
　　　　　　　　　　　　　(阿川佐和子『阿川佐和子のこの人に会いたい』p.76)

[テ形節の機能]
　最後に、テ形節による関係づけの「言いさし文」を見てみる。
　よく知られているとおり、テ形には原因・理由を表す用法がある。ここで見るテ形の関係づけは、その用法に準拠して説明できるものである。

　　(25)　「遅いじゃないか、海原雄山と帝都新聞側はもうとっくに来てるよ。」

第7章 「言いさし文」の文法的位置づけ

　　　　「すみません、成田まで蟹を取りに行ったら、渋滞に巻き込まれ<u>て</u>。」

　　　　　　　　　　　　　　（雁屋哲・花咲アキラ『美味しんぼ⑳』p.168）

　(25)において、後件に相当する内容を敢えて表現するとすれば、次のようになるだろう。

　(25')　渋滞に巻き込まれ<u>て</u>遅れました。

　カラ節・ノニ節と同様に、テ形節においても、節の内容と関係づけられるべき事態は先行文脈の中に同定することができる。
　ただし、先行文脈と言っても、非言語的文脈をも含む発話状況を考えなければならない。また、次の例に見られるように、後件に相当する文内容を主節として言語化することがやさしくない場合も多い。

　(26) 一の瀬　「(ドアを開けて覗く)なにやってんの、さっきから？」
　　　響子　「あ、一の瀬さん。」
　　　(二人で、酔いつぶれた朱美を運んでいく)
　　　響子　「助かった。ひとりじゃとても運べなく<u>て</u>。」
　　　一の瀬　「(朱美を覗きこんで)ぐでんぐでんじゃないの。」
　　　朱美　「だーって客のおごりだつーから、ボトル一本あけちゃったー。」
　　　一の瀬　「客も災難だわ。」
　　　　　　　　　　　　　　　　　　　（高橋留美子『めぞん一刻①』p.177）
　(27)「ちょっと来てくれる？　心細く<u>て</u>。」
　　　萃は涙声で言った。またか、と私は思った。
　　　　　　　　　　　　　　　　　　　　　（吉本ばなな『N・P』p.166）

2.「言いさし文」と独立文の平行性

(26) (27) のテ形の後に敢えて主節を続けるとすれば、それぞれ、(26')(27') のようになるだろう。

(26') ˀひとりじゃとても運べなく<u>て</u>、手伝ってもらって「助かった」と思った。
(27') ˀ心細く<u>て</u>、「ちょっと来てくれる？」と頼んでいる。

言語化が難しいことからも、本来後続すべき後件が省略されているという単純な説明ではすまないことがわかる。

さて、ここで問題にしているようなテ形による「言いさし文」は、次のようにノダ文で言い換えられる場合が多い。

(25") すみません、成田まで蟹を取りに行ったら、渋滞に巻き込まれた<u>んです</u>。
(26") 助かった。ひとりじゃとても運べなかった<u>んだ</u>。
(27") ちょっと来てくれる？　心細い<u>んだ</u>。

「Qのだ」も、「QをP（状況や先行文脈。言語化されるとは限らない）と関係づけて把握、提示するために用いられているものである」（野田春美1997:71）。だとすると、テ形節は、このような独立文と同等の談話機能を持っていると言える。

以上に見てきたように、文レベルでは不完全に見える従属節も、談話レベルでは、独立文と同等の機能を持っており、そのため、意味的な完結性を感じさせること、すなわち、従属節だけで言い終わっている感じを与えることがわかる。

逆に、考えてみれば、独立文においても、終助詞が付加された場合には聞き手との関係や外界に対する認識を表し、説明のモダリティ形式や接続詞が

付加された場合には文の連接関係を表すなど、文を越えた状況に依存しているわけであり、その点で従属節との違いはない。

3. 「言いさし文」と「完全文」の従属節の異質性

この節では、「言いさし文」の談話機能が「完全文」の従属節の働きと異質であることを示し、談話レベルにおいては、「言いさし文」の従属節と「完全文」の従属節との間に区別が必要であることを論じる。

「省略」された主節を補って「言いさし文」を「完全文」に還元して説明しようとすると、何らかの不都合が生じる。大別して、次の3とおりの場合が指摘できる。

①主節が想定できない場合
②主節を想定すると主張がずれる場合
③主節を想定すると認識のあり方が変わる場合

以下、それぞれの場合について、順に説明する。

3.1. 主節が想定できない場合

主節を想定しようにもできない場合がある。

まず、シ節については、次の(28)のように、先行文脈で言及された事態に別の事態を追加する「累加」の用法では、主節が想定できない。

> (28) 阿川　ご主人のスキャンダルは、それほど気になりません……か？
> 　　　橋本　だって、いちいち気にしてたらどうなるの。私も別にカッコ悪いとは思ってなかったから、モテるのも分かる<u>し</u>……。
> 　　　　　　　　　　　（阿川佐和子『阿川佐和子のこの人に会いたい』p.117）

また、事情を表すテ形節についても、多くの場合、前節で見たとおり、主

節を想定しにくい。

(29)「ちょっと来てくれる？　心細く<u>て</u>。」
　　萃は涙声で言った。またか、と私は思った。
　　　　　　　　　　　　　　　　　　（吉本ばなな『N・P』p.166）
(29')?心細く<u>て</u>、「ちょっと来てくれる？」と頼んでいる。

　ケド節・カラ節による言い尽くしの「言いさし文」においても、次のように、主節が想定しにくい場合が多く見られる。

(30)美千子　「ありがとうございました」
　　医者　　「風邪の一種だと思いますけど……」
　　美千子　「そうですか……」
　　医者　　「解熱剤を打っておきましたから、もしこれ以上ひどくなる
　　　　　　　ようでしたら、連絡してください」
　　　　　　　　　　　　　　　　（鎌田敏夫『男たちによろしく』p.132）
(31)信吾　「福島から、電話なかったか？」
　　香織　「なかった<u>けど</u>」
　　信吾　「そうか」
　　　　　　　　　　　　　　　　　　（山田太一『想い出づくり』p.185）
(32)良雄　「（ひとりで食事をはじめたところ）」
　　愛子　「（台所で野菜をいためている）」
　　良雄　「ああ、今度の日曜、一日ぼくいない<u>から</u>ね」
　　愛子　「（ガスを止める）」
　　良雄　「ワンゲルで高尾山行く<u>から</u>」
　　愛子　「（反応せず、フライパンと皿を持って来る）」
　　　　　　　　　　　　　　（山田太一『ふぞろいの林檎たち』p.44）
(33)美樹　「私、今井さんとは絶対に別れない<u>から</u>！」
　　　　　　　　　　　　　　　　（鎌田敏夫『男女7人秋物語』p.244）

(30)〜(33)の「言いさし文」による発話は、聞き手の認識状況を改変すること自体に目的があり、それによって相手に何をさせようという意図が明確でない。与えられた情報を前提にしてどうするかは聞き手に委ねられている。そのために主節が想定しにくいのだと思われる。

　一方、ノニ節による「言いさし文」は、主節の省略と考えられがちだが、次のように、ノニ節と関係づけられるべき事態以外の事態が主節として既に表現されており、新たに主節を補おうにも補えない場合も多い。

(34)「今夜、お夕食は……？」大吉の背に向かって、節子が尋ねた。長子が横から口を挟む。
「私はいらないッ、家庭教師のところで出るの」
「今夜も家庭教師？」
「生徒の高校受験が近づいててさ、追い込み。毎日来てくれって言うんだもん。私だってさ、試験もうすぐだっていうのに、まいっちゃう」
　　　　　　　　　　　(橋田壽賀子『渡る世間は鬼ばかり Part 1』p.126)

　(34)において、ノニ節で関係づけられているのは、「まいっちゃう」という主節の内容事態ではなく、直前の文脈で示された「毎日家庭教師に行かなければならない」という事態である。つまり、形の上ではノニ節の後に主節が後続しているが、言いたいことはノニ節だけでひとまず言い終わっている。

　このことは、主節のあるなしにかかわらずノニ節には関係づけの用法があることを示唆している。関係づけられるべき既定の事態が文脈から同定できさえすれば、ノニ節が宙に浮くことはなくなり、別個の主節が後続することが可能になるのである。

　このように、ノニ節については「従属節の表す事態＝前件」「主節の表す事態＝後件」という関係が必ずしも成り立たないので、本書では、「言いさし文」においても、ノニ節の後件が省略されている（すなわち、本来あるべ

き主節が欠落している）との考えはとらない。

　なお、タラ節・レバ節については、もともと、主節にあたる評価の部分を聞き手に委ねたり自分で想像したりする表現であり、主節を強いて補うとしても「いい（な）」「どう（か）」など、タラ節・レバ節と複合的に用いられる慣用的・形式的な表現に限られる。したがって、主節が想定できるかどうかを考えること自体、あまり意味がないと思われる。

3.2. 主節を想定すると主張がズレる場合

　ケド節による「言いさし文」については、次のように、先行する文の後に後追い的に発話される場合に、しばしば先行する文との間で主張のズレが生じる。

(35) 洋　一　お互いに飽きた夫婦と成人した子供なんて、男にとっちゃ淋しいもんだぞ。
　　 根　本　……。
　　 洋　一　イヤ、うちは何の問題もないよ。ないけど誰も俺になんて関心ないよ。
　　 根　本　おまえはゆき…女房［白川注：洋一の妻］に関心あるのか。
　　 洋　一　……ないな。……だからって不倫したりする気もない<u>けど</u>な。
　　 根　本　もっと年とれば、またお互いがよくなるさ。
　　　　　　　　　　　　　　　　　　　　（内館牧子『ひらり 1』p.195）

(36) 三鷹の叔父　「（見合い写真を見せながら）どうだ。なかなかの美人じゃないか。」
　　 一の瀬　「ヘー、若くてかわいーじゃない。ちょっとトロそうだ<u>けど</u>。」
　　 響子　「一の瀬さん、失礼じゃありませんか。」
　　　　　　　　　　　　　　　　　　　（高橋留美子『めぞん一刻⑩』p.120）

(37) ひらり　お母さん、よくお父さんと外食する気になったよね。
　　 みのり　そりゃお父さんだって同じよ。でもサ、親方のご招待じゃ

断れないもん。
ひらり　たまにさそってくれると、夫婦円満でいいよね。ま、こっちも夕食作るのは疲れる<u>けど</u>サ。

(内館牧子『ひらり 1』p.168)

　後追い的に発話されるケド節は、第 1 章第 3 節で見たとおり、直前の文から生じるかもしれない誤った解釈を補正するために発話される。その結果、前言の主張を否定しないまでも、前言の主張と矛盾しない範囲内で前言とはズレた主張がされる場合がある。
　たとえば、(35) の「言いさし文」を従属節とし前言を主節とする「完全文」に言い換えてみると、もとの文とは主張が微妙にズレることがわかる。

(35') 不倫したりする気もない<u>けど</u>、関心ないな。

(35') では、結局、「関心がない」ことを主張しているが、(35) のように文を改めて「言いさし文」で言うと、「関心がない」ことと「不倫をする気がない」こととを対等の重みで主張しているニュアンスになる。
　もっと言えば、(35) におけるケド節のニュアンスは、むしろ、次のように接続詞を使って 2 文を連接した場合のニュアンスの方に近いだろう。

(35'')　……ないな。……<u>でも</u>、だからって不倫したりする気もないな。

　「妻に関心がない」ことと「不倫をする気がない」こととは両立はするが、これを従属節を用いて 1 文で発話した場合と「言いさし文」を用いて 2 文に分けて発話した場合とでは、主張のトーンがかなりずれてくるわけである。
　(36)(37) についても同様のことが言える。(36) では、話題の人物についての評価を「若くてかわいい」というプラスの評価と「ちょっとトロそうだ」というマイナスの評価を両論併記の形で述べている。(37) でも、両親

が外食することに対して、「夫婦円満でいい」という好意的な受け止め方と「夕食を作らされて疲れる」という批判的な受け止め方を併せて述べている。

(36)(37)を、それぞれ、次の(36')(37')のように１文で言うと、但し書き付きとは言え全体としては「若くてかわいい」「夫婦円満でいい」という主節の主張で統一されてしまい、両論併記というニュアンスではなくなる。

(36')「へー、ちょっとトロそうだけど、若くてかわいーじゃない。」
(37')「たまにさそってくれると、こっちも夕食作るのは疲れるけど、夫婦円満でいいよね。」

いずれにしても、後追い的なケド節は、「完全文」に還元して説明しようとすると、意味が変わってしまう。

3.3. 主節を想定すると認識のあり方が変わる場合

関係づけのカラ節による「言いさし文」においては、次の(38)(39)のように、事態を当然なこととして納得する気持ちが表される。もっと言えば、「どうしてそうなのか」ということが問題になっている文脈で理由を同定するのではない。

(38) 謙作 「いや、我ながら不粋な話だが、本当をいうと、趣味なんてものに興味がない。正直、早く元気になって仕事がしたいんだねえ。」
宮部 「部長、若いからなあ。」
謙作 「結局仕事しかないんだ。」
宮部 「昭和ヒトケタ。(苦笑)」

(山田太一『岸辺のアルバム』p.313)

(39) 正樹 「あのめぐみちゃんが……。」
慎平 「うちでの態度も、少しおかしくなっているそうなんだ……。」

　　　　正樹　「難しい年頃だからな……。」
　　　　慎平　「あいつがグレるなんて、思いもしなかった……。」
　　　　　　　　　　　　　　　　（鎌田敏夫『男たちによろしく』p.110）

　一方、(38)(39)を、カラ節で関係づけられる事態を主節として「完全文」で言い換えると、それぞれ、次の(38')(39')のようになり、理由を同定する意味に変わってしまう。

　　(38')　部長、若いから早く元気になって仕事がしたいんだ(よ)なあ。
　　(39')　難しい年頃だからうちでの態度も少しおかしくなっているんだな
　　　　　……。

(38')(39')には事態(主節で表された命題内容)を当然なこととして受け流すニュアンスはなく、むしろ、「どうしてそうなのか」を問題にしているニュアンスになる。

　以上、「言いさし文」の意味を「完全文」に還元して説明しようとしたときに生じる問題を検討してきた。本書で取り上げたすべてのタイプの「言いさし文」について、何らかの点で「完全文」の従属節との異質性が確認できた。

4.　まとめ

　この章では、談話レベルにおける「言いさし文」と独立文の平行性および「言いさし文」と従属節の異質性を論じ、「言いさし文」の文法体系上の位置づけを試みた。
　この章の結論をまとめると、次のとおりである。
　①「言いさし文」は、談話レベルにおいては、文内に談話的な要素(終助詞、接続詞、ノダなど)を持つ独立文と同等に位置づけることができる。
　②「言いさし文」は、談話レベルにおいては、「完全文」の従属節と異なった働きをする。

── 第**8**章 ──

日本語教育における「言いさし文」

1. はじめに

　この章では、日本語教育において「言いさし文」を扱う場合に、どのようなことに留意すべきかについて論じる。[1]

　第7章での議論で明らかになったように、「言いさし文」は言いたいことを言わずに中途で止めた「言い残し」の文ではなく、完結した内容を備えた「言い終わり」の文である。したがって、まず、「完全文」の主節が欠落した構文という理解ではなく、それ自体を「文型」として「言いさし文」を理解させなければならない。すなわち、「S_1 ケド S_2。」や「S_1 カラ S_2。」を文型とするのであれば、「S_1 ケド。」や「S_1 カラ。」も文型として同列に扱うべきだという考えである。[2]

　また、前章で確認したとおり、「言いさし文」における従属節の使い方は、根底では「完全文」における従属節の使い方と連続しているにしても、実際の談話における用法レベルでは、ズレが生じる場合がある。したがって、そのような場合は、学習者にとっては、「完全文」における用法からの類推

---

[1] 本章での議論は、日本語教育学会主催平成13年度日本語教育研究コース「テーマ別研究コース」（文法）での筆者の講義の内容に基づいている。

[2] 何を「文型」と認定するかは文型の捉え方により意見の分かれるところだろう。具体的な形をいちいち拾っていては文型の数は膨大になるので、ある程度抽象化された文の型を文型とすべきだという考え方はもっともである。
　ここでは、文型論に深入りすることはせず、「言いさし文」が独立文と同等の文であること、そして、「完全文」と意味のズレがあることを重視して、学習上の便宜を考え、ケド節やカラ節に「完全文」の文型とは別に「言いさし文」の文型があるとした。
　なお、それぞれの従属節について、「完全文」と「言いさし文」とを同一の文型と認めるか否かという問題と両者の間に連続性を認めるか否かという問題は、別問題である。

で「言いさし文」の用法を理解することは難しいと予想されるので、改めて「言いさし文」での用法を説明しなおす必要がある。

特に、会話の教材においては、自然な話し言葉に近いものを提示しようとすれば必然的に「言いさし文」を多用する結果になるので、学習者の誤解を避けたり理解を助ける配慮が必要になる。

そういう観点から日本語教材を読んでみると、補足説明が必要だと思われる例文が散見され、中には学習者の誤解を招く可能性がある例文まで出ている場合がある。「完全文」の形では既習である従属節を「言いさし文」の形で出しているのだが、既習の文法説明からズレる例文である。これは、文レベルでの「文型」を教える従来の日本語教育文法の「落とし穴」である。

2. 文型としての「言いさし文」

「言いさし文」は、「完全文」を元にして主節を省略した表現であると説明するよりも、元々それ自体で完結した「言い終わり」の文型として説明したほうが、学習者にとっても合理的だと思われる。

たとえば、(1)〜(3)のように、相手に何らかの行為要求をしたり情報提供を要求をしたりする際、「〜んですが」という表現がよく用いられる。

(1) イー：すみません。今の 電車に 忘れ物を して しまった<u>んですが</u>……。
　　駅員：何を 忘れたんですか。
　　イー：青い かばん です。このくらいの……。
　　　　　外側に 大きい ポケットが 付いて います。
　　　　　　　　　　　　　　　　（『みんなの日本語初級Ⅱ』第29課、会話）
(2) クララ：一度、茶道が 見たい<u>んですが</u>……。
　　渡　辺：じゃ、来週の 土曜日 いっしょに 行きませんか。
　　　　　　　　　　　　　　　　（『みんなの日本語初級Ⅱ』第34課、会話）
(3) 車の 窓が 開かない<u>んですが</u>……。

2. 文型としての「言いさし文」

　…その　ボタンを　押せば、開きますよ。

『みんなの日本語初級Ⅱ』第35課、例文1）

　この表現は、第1部で検討した言い尽くしによる「言いさし文」である。この表現が習得できれば、主節をどう言ったらよいかなどと気にせずに自分の意志を伝達できるので、学習者にとってコミュニケーション上、より負担の少ない表現であるばかりでなく、次の(1')～(3')のように、「言い切り」の文で表現した場合に比べて一方的に伝達するニュアンスもなく、待遇的にも好ましい表現である。

　(1')　今の電車に忘れ物をしてしまったんです φ 。
　(2')　一度、茶道が見たいんです φ 。
　(3')　車の窓が開かないんです φ 。

　さて、この「言いさし文」に対する文法説明として、「主節が省略されている」と説明するのはどうだろうか。たとえば、次の(4)における「言いさし文」（「お湯が出ないんですが……。」）についての(5)のような説明は、適切だろうか。

　(4)　管理人：ミラーさん、引っ越しの　荷物は　片づきましたか。
　　　ミラー：はい、だいたい　片づきました。
　　　　　　　あのう、ごみを　捨てたいんですが、どこに　出したら
　　　　　　　いいですか。
　　　管理人：燃える　ごみは　月・水・金の　朝　出して　ください。
　　　　　　　ごみ置き場は　駐車場の　横です。
　　　（中略）
　　　ミラー：はい、わかりました。　それから、お湯が　出ないんですが……。

189

　　　　　管理人：ガス会社に　連絡したら、すぐ　来て　くれますよ。
　　　　　　　　　　　　　　　　　（『みんなの日本語初級Ⅱ』第26課、会話）
(5)　（前略）⑩におけるように、「～んですが」に続く節は、話し手・聞き手にとって自明の場合は、省略される場合が多い。
　　　（例文⑧⑨省略）
　　　⑩お湯が　出ないんですが……。
　　　　There's no water.
（『みんなの日本語初級Ⅱ翻訳・文法解説英語版』p.9［説明部分は白川訳］）

　確かに、この会話では、「ミラー」が「管理人」にわからないこと・困っていることを相談しているということが文脈からわかる（ごみの出し方について尋ねた後で「それから」で累加している）ので、主節に相当する文内容を発話しなくてもよいことはわかる。
　しかし、重要なことは、このような会話の流れの中で発話されなくても「相手に何か対応を考えてほしい」という意志を伝達できること、しかも、それが、「出ないんです」という「言い切り」の形ではなく、「出ないんですが」という「言いさし文」の形で持ちかけることによって可能になるということである。
　つまり、文脈からわかるので省略されたというよりも、むしろ、「～んですが」という「言いさし文」の形で相手に持ちかければ、それだけで、「この情報を踏まえて何らかの対応をしてほしい」という態度が表されるというのが正確な説明である。「～んですが」だけで自分の伝えたいことは言い尽くしており、後の対応は相手に委ねていると考えるのが合理的であり、また、必要である。
　また、次のようなケド節になると、もはや省略や倒置では説明がつかないので、一つの文型としての説明が必要である。

(6) ワット：昔「上手な　整理の　方法」と　いう　本を　書いた
　　　　　　ことが　あるんです。
　　大学職員：へえ、すごいですね。
　　ワット：あまり　売れませんでしたけどね。

（『みんなの日本語初級Ⅱ』第38課、会話）

(7) 小川：課長、最近、一戸建て買われたそうですね。
　　伊藤：うん。今までより大分遠くなったけど…。

（『新日本語の中級』第19課、会話1）

　(6)(7)は、相手の認識を補正することを意図して発話されたケド節である。前文で述べられたこと（自分の発言でも相手の発言でもよい）から期待される事柄に対して、「そう思うかもしれないが、そうではない」と限定を加えて、結果的に、前文の含みを修正している。

　語順を「主節」の前に戻して理解しようにも、そうすると意味が通じないので、これこそ、独立した文としての説明が必要である。

3. 補足説明の必要のある「言いさし文」

　「言いさし文」の用法と「完全文」の従属節の用法との間には連続性があるとは言え、ズレがあるので、学習者自身の類推に委ねていては理解はおぼつかないと予想される。両者のズレを埋めるような補足説明が必要である。

　たとえば、次の(8)～(10)ようなカラ節による「言いさし文」は、理由を提示して主節の主張へと繋げる「完全文」のカラ節とはズレていて、学習者には直ちに理解することが難しいだろう。

(8) ミラー：ただいま。
　　管理人：お帰りなさい。
　　ミラー：これ、京都の　お土産です。
　　管理人：どうも　すみません。

祇園祭はどうでしたか。

ミラー：とても　おもしろかったです。
　　　　外国人も　多かったですよ。
管理人：祇園祭は　京都の　祭りで　いちばん　有名ですからね。
ミラー：そうですか。

（『みんなの日本語初級Ⅰ』第12課、会話）

(9)　日本人は　グループ旅行が　好きですね。
　　　…ええ、安いですから。
　　　いくら　安くても、わたしは　グループ旅行が　嫌いです。

（『みんなの日本語初級Ⅰ』第25課、例文8）

(10)　馬　：伊藤さん、今よろしいでしょうか。
　　　伊藤：あ、馬さん、どうしたの。
　　　馬　：今朝からずっと頭が痛くて…。
　　　　　　すみませんが、早退させていただけないでしょうか。
　　　伊藤：そう、風邪かな？　このごろ寒くなってきたからね。
　　　馬　：ええ。ちょっと寒気もするんです。

（『新日本語の中級』第4課、会話2）

　いずれのカラ節も、相手の発話を受けて、「それはそうでしょう」((8)(9))とか「しかたがないですね」((10))といった気持ちで「合いの手」を入れるような機能を持った発話になっている。共感的な態度を示すことで円滑なコミュニケーションを展開するために有効な表現であるが、理由を述べることが目的ではないために既習のカラ節とは用法が異なる。[3]

　また、次のようなガ節・ケド節による「言いさし文」も、学習者の理解に対する配慮が必要だと予想される。

---

[3] このようなカラ節の談話機能についての詳細な議論については、第4章を参照のこと。

3. 補足説明の必要のある「言いさし文」

(11) A：鈴木さんは いらっしゃいますか。
　　 B：今 席を 外して いるんですが……。
　　 A：じゃ、すみませんが、あしたの 会議は 2時からだと 伝えて いただけませんか。
　　 B：はい、わかりました。

　　　　　　　　　　　　　　　　　（『みんなの日本語初級Ⅱ』第33課、練習C）

(12) 美容師：カットは どういうふうに なさいますか。
　　 イ ー：ショートに したいんですけど……。
　　 　　　 この 写真みたいに して ください。
　　 美容師：あ、すてきですね。

　　　　　　　　　　　　　　　　　　（『みんなの日本語初級Ⅱ』第44課、会話）

　(11)(12)は、相手の質問に対する応答に用いられたガ節・ケド節である。「言いさし文」である上に、イニシアティブをとって自分から相手に何かをさせようとして発話するケド節ではないので、二重に理解が難しいのではないかと予想される。

　(11)(12)では、相手は次の行動を決めるための前提情報を求めて質問している場面であることに着目したい。その質問にケド節による「言いさし文」で応答すると、その情報を踏まえた判断を相手に委ねる気持ちを表すケド節の機能から、相手の次の反応を伺うニュアンスが生じるということを理解すべきである。

　さらに、次のようなテ形節による「言いさし文」にも、「完全文」との「橋渡し」の補足説明がほしい。

(13) ミラー　　：課長、遅れて、すみません。
　　 中村課長：ミラーさん、どう したんですか。
　　 ミラー　　：実は 来る 途中で 事故が あって、バスが 遅れて しまったんです。

中村課長：バスの 事故ですか。
ミラー　：いいえ。 交差点で トラックと 車が ぶつかって、バスが 動かなかったんです。
中村課長：それは 大変でしたね。連絡が ないので、みんな 心配して いたんですよ。
ミラー　：駅から 電話したかったんですが、人が たくさん 並んで<u>いて</u>……。どうも すみませんでした。

（『みんなの日本語初級Ⅱ』第39課、会話）

(14) 佐々木：小川さん、残業？
　　 小川　：うん。片づけなくちゃいけない仕事がた<u>まっててね</u>。
　　 佐々木：大変だね。

（『新日本語の中級』第19課、会話2）

(15) 小川：李さん、確かサッカー好きだったよね。
　　 李　：ええ、大好きです。
　　 小川：実はJリーグの切符が2枚あるんだけど、一緒にどうかなと思<u>って</u>…
　　 李　：Jリーグですか。わあ、うれしいなあ。

（『新日本語の中級』第5課、会話1）

　テ形接続に「理由」の用法があることは知っていても、このように「言いさし」の形で使うことによって「のだ」と同じような「事情の説明」に使えるということには、学習者自身では思い至らないであろう。[4] 使いでのある表現である（理解だけでなく産出にも結びつけたい）だけに、どこかで説明がほしいところである。

---

[4] テ形節の談話機能についての詳細な記述は、第6章を参照のこと。

4. 誤解を招く恐れのある「言いさし文」

誤解を招く可能性のある例文の例として、次のようなカラ節の例文がある。これは、母語話者ならば使いそうにない表現であり、あまり自然な日本語とは言えない。

（16）　どうして　さくら大学を　選んだんですか。
　　　　…さくら大学は　父が　出た大学だし、いい　先生も　多いし、それに　家からも　近いですから。

（『みんなの日本語初級Ⅱ』第28課、例文7）

「～からです」という言い方に比べて構文的に簡単なために、「～ですから」という言い方で提示しているものと思われるが、私見によれば、「～から。」と「～からだ。」とは理由の述べ方が違っていて、(16)のような文脈で「～から。」を使うと、事態を自分勝手に当然視するニュアンス（「そりゃ、だって、～だから」というのに近いニュアンス）になってしまい、いささか失礼である。聞き手に理由を質問されて、それに答える場合に「～からだ」を使うと理解した方が無難である。[5]「言いさし文」のカラ節の持つ独特の意味に対する配慮がほしいところである。

同じように理由を述べるカラ節であっても、次のようにまったく問題のない場合もあり、学習者にとっては紛らわしいので注意が必要である。

（17）　資料を　片づけても　いいですか。
　　　　…いいえ、その　ままに　して　おいて　ください。
　　　　まだ　使って　いますから。

（『みんなの日本語初級Ⅱ』第30課、例文7）

---

[5] 「から」と「からだ」の違いについては、第4章で詳細に検討した。

(18) ミラーさんは この ニュースを 知って いますか。
　　…いいえ、たぶん 知らないと 思います。
　　ミラーさんは 出張して いましたから。
(『みんなの日本語初級Ⅰ』第21課、例文4)

　日本語の教科書には、このように、日本語教育の場でしか使われないのではないかと思われるような不自然な日本語が散見される。教育上の配慮からということもあるのかもしれないが、これらがまったく問題のない表現として学習者の内部で「化石化」してしまう恐れがある。

5. まとめ

　「言いさし文」は、談話レベルにおいては、独立文との間に平行性が見られ、逆に「完全文」の従属節との間には異質性が見られるという前章での結論を承けて、この章では、文レベルでの「文型」に囚われがちな従来の日本語教育文法の問題点を指摘し、「言いさし文」の適正な扱いについての提言を行った。

　この章の結論をまとめると、次のとおりである。

(19) 文レベルでの「文型」を教える従来の日本語教育文法では「言いさし文」の持つ談話機能を十分に理解させられない可能性がある。「言いさし文」を「完全文」とは別立てで説明することが必要である。

おわりに

　本書は、従属節のみで終結している「言いさし文」が統語的な不完全性（すなわち、主節の欠落）のために周辺的ないしは特殊な文として位置づけられてはいないかという問題意識から出発し、談話における「言いさし文」の機能を分析することによって、「言いさし文」の文レベルでの不完全性が談話レベルでどのように解消されて発話として独立文と同等の完結性を獲得しているのか検討した。また、これらの「言いさし文」がどのような話し手の心的態度を表すのかを考えることにより、独立文との平行性を探った。

　その結果、次の①〜⑧のようなことがわかった。

①「言いさし文」は、後件に相当する内容が文脈上に存在するか否かによって、「言い尽くし」と「関係づけ」とに分類できる。
②「言い尽くし」の場合は、節の内容が聞き手に持ちかけられ、帰結は聞き手の判断に委ねられるために完結性が生じる。
③その場合、聞き手に認識を改めさせたり（ケド節）、何らかの行動をするよう促したり（カラ節、タラ節・レバ節）するという、対人的な態度を表す。
④「関係づけ」の場合は、節の内容と関係づけるべきほかの事態が文脈上に見つかるために完結性が生じる。
⑤その場合、既定の事態に対する受け止め方（意外／当然）を表したり（ノニ節／カラ節）、併存する事柄を追加的に認識したり（シ節）、背後の事情を把握したり（テ形節）するなど、話し手の何らかの対事的な態度を表す。
⑥「言いさし文」は、談話レベルにおいては、文内に談話的な要素（終助詞、接続詞、「のだ」、など）を持つ独立文と同等に位置づけることができる。
⑦「言いさし文」は、談話レベルにおいては、「完全文」の従属節と異なった働きをする。
⑧文レベルでの「文型」を教える従来の日本語教育文法では「言いさし

文」の持つ談話機能を十分に理解させられない可能性がある。「言いさし文」を「完全文」とは別立てで説明することが必要である。

　本書の眼目は、文レベルでは不完全である「言いさし文」が、談話レベルにおいて文脈との関わり合いによって発話としての完結性を獲得する仕組みを解き明かし、そのことを通じて独立文と従属節との平行性を浮かび上がらせようとしたところにある。

　この作業は、野田尚史(1989)が文レベルでは完全である独立文が談話レベルではほかの文に依存した不完全な存在であるような場合があることを示すことにより独立文と従属節との平行性を浮き彫りにしたことと表裏をなす。すなわち、文レベルでは区別される独立文と従属節が、談話レベルで捉え直してみれば、独立文は従属節に似た面を見せ、逆に、従属節は独立文と似通ってくるというわけである。

　従属節を、文を構成する部分としてではなく、文を超えて談話の中に位置づけるという試みから、何か新しいものが見えてくる可能性がある。本書は、その方向へ向けての第一歩である。

　残された課題も多い。たとえば、次のようなことが挙げられる。

①本書の研究対象から「言い残し」を除外したが、従属節が単独で発話されている以上、本研究の結論と矛盾しない形で「言い残し」も説明できることが望ましい。
②すべての従属節のすべての用法が網羅されているわけではない。たとえば、ノデ節については分析されていないし、「〜と」「〜って」によって表される引用節も同じ枠組みで捉えられる可能性があるが、検討されていない。[1]

---

[1] 許(2000)では、「〜って」(引用助詞)で終わる文についても考察されている。

③複合的な接続形式についての検討がされていない。たとえば、「〜なければ」「〜ないと」という、必要性を表す表現をどう位置づけるか。

④タラ節・レバ節を言い尽くしの類型に位置づけたが、「勧め」の用法に関しては、カラ節・ケド節と異なり主語が現れない(聞き手に限られる)という制限があるため、高橋(1993)のいわゆる「新しい文末形式」である可能性も残っている。

⑤関係づけの「言いさし文」の中に事態の認識に関わるもの(カラ節、ノニ節)と文連接に関わるもの(シ節、テ形節)という、一見、異質な下位類型が併存している。これで矛盾はないが、両者の関係をさらに納得の行く形で説明できることが望ましい。

⑥日本語教育文法の立場から、学習者にとって理解が困難と予想される箇所が実際に困難であるかどうか検証する実証的な研究が望まれる。

また、テ形節に関しての考察(第6章)は、筆者が「言いさし文」について研究を始めた頃に書いた論文が元になっているという経緯もあって、本書の脈絡の中で見ると論の展開がわかりづらい憾みがある。本来は全面的に書き直すべきところであったが、諸般の事情で最小限の修正に留まった。

「まえがき」にも述べたとおり、本書は、「言いさし文」に関して筆者が積み重ねてきた論考をまとめて学位論文として提出したものに修正を加えたものである。参考までに、各章の元になった論文名を以下に記しておく。

序　章　「『言いさし文』の談話機能」串田秀也・定延利之・伝康晴(編)『シリーズ 文と発話第2巻「単位」としての文と発話』ひつじ書房、pp.1-25、2008年.

第1章　「『ケド』で言い終わる文」『広島大学日本語教育学科紀要』第6号、pp.9-17、1996年.

第2章　「理由を表わさない『カラ』」、仁田義雄編『複文の研究(上)』くろしお出版、pp.189-220、1995年.

おわりに

第3章　「タラ形・レバ形で言いさす文」、『広島大学日本語教育学科紀要』第5号、pp.33-41、1995年.

第4章　「『カラ』と『カラダ』」『広島大学日本語教育学科紀要』第4号、pp.63-74、1994年.

第5章　「接続助詞「シ」の機能」、中右実教授還暦記念論文集編集員会(編)『意味と形のインターフェイス(下巻)』、くろしお出版、pp.825-836、2001年.

第6章　「『テ形』による言いさしの文について」『広島大学日本語教育学科紀要』創刊号、pp.39-48、1991年.

第7章　「従属節による『言いさし文』の文法的位置付け」『日本言語文芸研究』第8号、台湾日本語言文藝研究學會、2007年.
「『言いさし文』の談話機能」串田秀也・定延利之・伝康晴(編)『シリーズ　文と発話第2巻「単位」としての文と発話』ひつじ書房、pp.1-25、2008年.

第8章　「文型としての『言いさし文』」『広島大学日本語教育研究』第18号、pp.39-46、2008年.

　本書を送り出すまでには、多くの方々のご助力・ご支援を頂いている。
　まず、学位論文をまとめるように強く勧めてくださり主査の労をお執りくださった沼本克明先生に感謝しなければならない。有無を言わせぬ先生のご指示と叱咤激励がなければ、私は研究成果をまとめる作業をいつまでも先延ばししていたであろう。副査を務めてくださった江端義夫先生、大浜るい子先生、縫部義憲先生にも改めて御礼を申し上げたい。
　また、元の指導教官でも上司でもないにもかかわらず学位論文をまとめろと言い続けてくださった湯沢質幸先生、当時の講座主任として根回しをしてくださった倉地曉美氏、早くから学位論文をまとめることを勧めてくださり気弱になっていた折には激励してくださった奥田邦男氏にも感謝申し上げる。
　出版に際しては、くろしお出版に一方ならぬお世話になった。三戸ゆみ子

社長は元より、出版の相談に快く応じてくださり、お引き受けくださってからは、再三にわたって入稿期限を先延ばしする私を辛抱強く、しかし、過度に甘やかさずに待ってくださった編集部の市川麻里子氏に御礼申し上げる。

　最後になったが、この機会を借りて、学生時代の指導教官の先生方にも、改めて感謝の気持ちをお伝えしなければならない。学部生だった私に文法研究の面白さと文法的な考え方を教えてくださり、その後も折に触れて励ましの言葉をかけてくださった中右実先生、母語を研究対象にする楽しさと難しさを身をもって示してくださった、ご存命ならば父と同じ80歳になっておいでのはずの寺村秀夫先生に心から感謝の意を表したい。

　また、研究生のときにお世話になって以来、何かにつけて気に掛けてくださった北原保雄先生、寺村先生が大阪大学にご転出後、準研究員となった私の指導教官となり面倒を見てくださった草薙裕先生、広島大学の教員になってから6年目に文部省内地研修員として大阪大学で勉強する機会を得た折に指導教官を引き受けてくださった仁田義雄先生にも改めて御礼を申し上げる。

　そのほか、いちいちお名前は挙げないが、お世話になった先生方、先輩方、研究仲間の方々すべてに感謝の気持ちをお伝えしたい。

用例出典

【シナリオ】

アルク英語企画開発部(編)、鈴木美幸(訳). 1999. 『カサブランカ』(映画で覚える英会話アルク・シネマ・シナリオシリーズ) アルク.

池端俊策. 1993. 『並木家の人々』フジテレビ出版.

市川森一. 1983. 『傷だらけの天使』大和書房.

市川森一. 1984. 『黄色い涙』大和書房.

市川森一. 1991. 『夢帰行』海越出版社.

内館牧子. 1993. 『ひらり1』『ひらり2』『ひらり3』(講談社文庫) 講談社.

大石静. 1993. 『徹底的に愛は…』キネマ旬報社.

鎌田敏夫. 1986. 『男女7人夏物語』立風書房.

鎌田敏夫. 1987. 『男たちによろしく』立風書房.

鎌田敏夫. 1987. 『男女7人秋物語』立風書房.

柴門ふみ(原作)・坂元裕二(脚本). 1991. 『東京ラブストーリー「TV版シナリオ集」』小学館.

周防正行(著)・二見文子(訳). 1999. 『Shall we ダンス?(シナリオ対訳)』愛育社.

橋田壽賀子. 1993. 『渡る世間は鬼ばかり　Part1』ラインブックス.

橋田壽賀子. 1993. 『渡る世間は鬼ばかり　Part2 春夏編』ラインブックス.

向田邦子. 1985. 『阿修羅のごとく』(新潮文庫) 新潮社.

山田太一. 1985. 『岸辺のアルバム』大和書房.

山田太一. 1987. 『想い出づくり』大和書房.

山田太一. 1990. 『ふぞろいの林檎たち』(新潮文庫) 新潮社.

【マンガ】

雁屋哲・花咲アキラ. 1990. 『美味しんぼ⑳／㉔』小学館.

かわなみはるか. 1990.「子供たちの宇宙」『花とゆめ』1990.7 (3/20) 白泉社.
喜多尚江. 1990.「イチゴとメロンとオバケ」『花とゆめ』1990.7 (3/20) 白泉社.
柴門ふみ. 1990.『東京ラブストーリー　①／②』小学館.
高井研一郎. 1987.『総務部総務課喜多六平太②』（ビッグコミックス）小学館.
高橋留美子. 1982-1984.『めぞん一刻①／②／⑤／⑦／⑧／⑨／⑩／⑪／⑫／⑬／⑮』小学館.
岳倉暁美. 1990.「悩める夜を抱きしめて」『花とゆめ』1990.7 (3/20) 白泉社.
ひかわきょうこ. 1990.「女の子は余裕！」『月刊ララ』(1990年4月号) 白泉社.

【対談集】
阿川佐和子. 1997.『阿川佐和子のこの人に会いたい』（文春文庫）文藝春秋.
筑紫哲也ほか. 1987.『若者たちの神々Ⅲ』（新潮文庫）新潮社.
山田詠美・中沢新一. 1994.『ファンダメンタルなふたり』（文春文庫）文藝春秋.
吉行淳之介. 1985.『躁鬱対談』（角川文庫）角川書店.

【講演】
森毅. 1993.「ものぐさ教育のすすめ」『NHK文化講演会15』日本放送出版協会.

【小説】
村上春樹. 1985.『世界の終わりとハードボイルド・ワンダーランド』新潮社．［英語版：Alfred Birnbaum (tr.) 1994. *Hard-Boiled Wonderland and the End of the World.* Kodansha International.］

用例出典

吉本ばなな. 1992.『N・P』（角川文庫）角川書店.［英語版：Ann Sherif（tr.）1994. *N.P.*. London: Farber & Farber.］

【その他】

クイズユーモア研究会(編). 1992.『クイズ　天下無敵の決定版』鱒書房.

塩月弥栄子. 1991.『新冠婚葬祭入門』光文社.

篠田正浩. 1995.『日本語の語法で撮りたい』（NHK ブックス 739）日本放送出版協会.

小学教育研究会. 1992.『理科自由自在(小学 3・4 年)』受験研究社.

手話研究サークル. 1989.『四季おりおりの手紙全書』ナツメ社.

【日本語教材】

海外技術者研修協会(編). 1990.『新日本語の基礎Ⅰ』スリーエーネットワーク.

海外技術者研修協会(編). 2000.『新日本語の中級』スリーエーネットワーク.

スリーエーネットワーク(編). 1998.『みんなの日本語初級Ⅰ本冊』スリーエーネットワーク.

スリーエーネットワーク(編). 1998.『みんなの日本語初級Ⅱ本冊』スリーエーネットワーク.

スリーエーネットワーク(編). 1998.『みんなの日本語初級Ⅱ翻訳・文法解読英語版』スリーエーネットワーク.

東京外国語大学留学生日本語教育センター(編著). 1990.『初級日本語』三省堂.

引用文献

井上優．1993.「発話における『タイミング考慮』と『矛盾考慮』—命令文・依頼文を例に—」『国立国語研究所研究報告集』14、pp.333-360.

岡田安代・水谷修．1985.「日本語の談話進行機能の一特色『共話的わたし』機能の積極的評価」『日本語教育の現代的課題』予稿集（（財）津田塾会設立40周年記念日本語国際シンポジウム）．

神尾昭雄．1990.『情報のなわ張り理論』大修館書店．

許夏玲．2000.「話し言葉の文末におけるモダリティの表現形式—『接続助詞』『条件表現』『第二中止形』『引用助詞』—」名古屋大学博士学位論文．

久野暲．1973.『日本文法研究』大修館書店．

国立国語研究所．1951.『現代語の助詞・助動詞—用法と実例—』秀英出版．

国立国語研究所．1960.『話しことばの文型(1)—対話資料による研究—』秀英出版．

小針浩樹．1993.「文の表現類型から見た疑問文の位置付け—クイズ的疑問文を中心に—」『国語学会平成5年度秋季大会発表要旨集』．

坂原茂．1985.『日常言語の推論』東京大学出版会．

志村昭彦．1993.「『断り』という発話行為の中における待遇表現としての省略頻度・機能・構造に関する中間言語語用論的研究」『平成5年度日本語教育学会春季大会予稿集．

白川博之．1991a.「『カラ』で言いさす文」『広島大学教育学部紀要第2部』第39号、pp.249-255.

白川博之．1991b.「『テ形』による言いさしの文について」『広島大学日本語教育学科紀要』創刊号、pp.39-48.

白川博之．1993.「理由を表わさない『カラ』」未公刊論文（白川（1995b)として後に公刊）．

白川博之．1994.「『カラ』と『カラダ』」『広島大学日本語教育学科紀要』

第 4 号、pp.63-74

白川博之. 1995a.「タラ形・レバ形で言いさす文」『広島大学日本語教育学科紀要』第 5 号、pp.33-41.

白川博之. 1995b.「理由を表わさない『カラ』」、仁田義雄（編）『複文の研究（上）』くろしお出版、pp.189-220.

白川博之. 1995c.「接続節による『言いさし』の談話機能」（第 8 回日本語文法談話会ハンドアウト）.

白川博之. 1996.「『ケド』で言い終わる文」『広島大学日本語教育学科紀要』第 6 号、pp.9 - 17 .

白川博之. 2001.「接続助詞『シ』の機能」中右実教授還暦記念論文集編集員会（編）『意味と形のインターフェイス（下巻）』くろしお出版、pp.825-836.

白川博之. 2007.「従属節による『言いさし文』の文法的位置付け」『日本言語文芸研究』第 8 号、台湾日本語言文藝研究學會、2007 年.

白川博之. 2008a.「文型としての『言いさし文』」『広島大学日本語教育研究』第 18 号、pp.39-46、2008 年.

白川博之. 2008b.「『言いさし文』の談話機能」串田秀也・定延利之・伝康晴（編）『シリーズ 文と発話 第 2 巻「単位」としての文と発話』ひつじ書房、pp.1-25.

高橋太郎. 1993.「省略によってできた述語形式」『日本語学』第 12 巻第 10 号、pp.18-25.

田窪行則. 1987.「統語構造と文脈情報」『日本語学』第 6 巻第 5 号、pp.37-48.

陳常好. 1987.「終助詞—話し手と聞き手の認識のギャップをうめるための文接辞—」『日本語学』第 6 巻第 5 号、pp.93-109.

鶴田庸子. 1984.「日本語教育のためのタラとバの分析」『日本語教育論集—日本語教育長期専門研修昭和 58 年度報告』国立国語研究所.

寺村秀夫. 1984.「並列的接続とその統括命題—モ，シ，シカモの場合—」

『日本語学』第3巻第8号、pp.67-74．

中右実．1994．『認知意味論の原理』大修館書店．

仁田義雄．1991．『日本語のモダリティと人称』ひつじ書房．

日本語記述文法研究会(編)．2003．『現代日本語文法4　第8部モダリティ』くろしお出版．

日本語教育学会(編)．1982．『日本語教育事典』大修館書店．

野田春美．1995．「『のだから』の特異性」仁田義雄(編)『複文の研究(上)』くろしお出版、pp.221-245．

野田春美．1997．『「の(だ)」の機能』くろしお出版．

野田尚史．1989．「真性モダリティをもたない文」仁田義雄・益岡隆志(編)『日本語のモダリティ』くろしお出版、pp.131-157．

野田尚史・益岡隆志・佐久間まゆみ・田窪行則．2002．『日本語の文法4　複文と談話』岩波書店．

蓮沼昭子．1991．「対話における『ダカラ』の機能」『姫路獨協大学外国語学部紀要』第4号、pp.137-153．

福田(現：三原)嘉子．1994．「話し言葉における文末表現の考察─「けれども」で言い終わる文を中心に─」広島大学教育学部修士論文．

堀池尚明．1999．「『シ』を用いた原因・理由表現について」『筑波日本語研究』第4号．pp.71-90．

前田直子．1996．「日本語複文の記述的研究─論理文を中心に─」大阪大学博士学位論文．

益岡隆志．1991．『モダリティの文法』くろしお出版．

益岡隆志・田窪行則．1992．『基礎日本語文法─改訂版─』くろしお出版．

水谷信子．1989．『日本語教育の内容と方法』アルク．

三上章．1955(1972復刊)．『現代語法新説』くろしお出版．

南不二男．1974．『現代日本語の構造』大修館書店．

南不二男．1993．『現代日本語文法の輪郭』大修館書店．

三原嘉子．1995．「接続助詞ケレドモの終助詞的用法に関する一考察」『横

浜国立大学留学生センター紀要』第2号、pp.79-89.

宮崎和人・安達太郎・野田春美・高梨信乃. 2002.『新日本語文法選書4 モダリティ』くろしお出版.

宮地裕. 1984.「倒置考」『日本語学』第3巻第8号、pp.75-86.

宮島達夫・仁田義雄(編). 1995.『日本語類義表現の文法(下)複文・連文編』くろしお出版.

望月通子. 1990.「条件づけをめぐって―『理由』の『シテ』と『カラ』―」『大阪大学　日本学報』第9号、pp.33-49.

森田良行. 1980.『基礎日本語2』角川書店.

森田良行. 1989.『基礎日本語辞典』角川書店.

Alfonso, Anthony.　1966. *Japanese Language Patterns.* Sophia University.

McGloin, Naomi Hanaoka.　1976-1977. "The Speaker's Attitude and the Conditionals *to, tara,* and *ba*", *Papers in Japanese Linguistics* Vol.5.

(辞書類)

『学研現代新国語辞典』学習研究社.

『国語大辞典　言泉』小学館.

『三省堂現代国語辞典(初版)』三省堂.

『新明解国語辞典(第四版)』三省堂.

索　引

A
Alfonso(1966)　39, 43, 70

B
B類の「から」　118

C
C類の「から」　118
C類の従属節　127

D
Dモダリティ表現　140

M
McGloin(1976-1977)　72

Y
Yes-No疑問文　108

あ
相手伺い　28, 29, 34
相手の認識　191
あきれ　148
新しい文末形式　5
後追い的　184
後追い的なケド節　185

い
言い終わり　8, 153, 187, 188
「言い終わり」性　18
言い切り　1, 142, 145, 150, 158, 160, 189, 190
「言い切り的な形」　6
「言い切り」の文　3, 4, 32, 58
言いさし文　41, 51, 54, 57, 58, 68, 190
「言いさし文」の従属節　180
言い尽くし　8, 10, 14, 19, 24, 31, 162, 197
言い尽くしの「言いさし文」　14, 17, 153, 167, 181, 189
言い残し　8, 16, 187, 198
「言い訳」的　123
意外　163, 175, 176
意外なこと　173
移行　75, 172, 175
意志的動作　75, 80
併存　134
井上(1993)　68
依頼　45
引用節　198

う
受け止め方　163, 197
裏の意味　83, 85, 87

209

索 引

え
江端義夫　200

お
大浜るい子　200
岡田・水谷(1985)　56
奥田邦男　200
お膳立て　45, 49
「お膳立て」用法　41, 45, 53, 57

か
が　16
解答　108
改変　32, 91, 170, 182
化石化　196
ガ節　192, 193
課題設定　80
かと言って(〜ない)　21
神尾(1990)　25
カラ節　2, 9, 161, 167, 174, 175, 181, 185, 191, 192, 195, 197, 199
カラ節による関係づけ　94
からだ　94, 95, 101, 104, 105, 116, 120
「からだ」の使用条件　98, 102
「からだ」を使う状況　110
〜からです　195
「から」と「からだ」　96, 97
含意(implicature)　20, 22
含意のキャンセル　20

関係づけ　8, 197
関係づけの「言いさし文」　14, 94, 172, 177
感激　148
完結性　2, 4, 5, 14, 26, 91, 94, 127, 153, 163, 179, 197, 198
感謝　143, 149
「完全文」　4, 5, 22, 35, 40, 41, 51, 52, 55, 70, 89, 94, 128, 146, 162, 184, 185, 186, 187, 188, 191, 196
「完全文」との「橋渡し」　193
「完全文」の従属節　180, 186, 197
感嘆　143, 148, 151, 152, 158
願望　69, 71, 75, 82, 86, 87, 91, 171, 172
勧誘　43

き
既獲得の知識　112
聞き手存在発話　71, 75, 79
聞き手の認識　91
聞き手の認識状況　32, 33, 182
聞き手の認識状態　170
聞き手不在発話　35, 71, 75
聞き手めあて　172
聞き手めあて性　175
危惧　71, 76
きっかけ　66
既定の事態　10, 176, 182
キャンセル　22

210

許（2000）　4, 7, 198

く
クイズ的疑問　121
クイズ的疑問文　124
久野（1973）　98
熊取谷哲夫　44
倉地曉美　200

け
形式化　78
ケド節　2, 15, 161, 167, 181, 183, 184, 190, 191, 192, 193, 197
けれど　16
けれども　16
原因・理由　95, 98, 162

こ
行為要求　43, 48, 52, 55
交換条件　44
交換条件的　55
構文的な機能　138
国立国語研究所（1951）　16, 23, 25, 129, 130, 139
国立国語研究所（1960）　5, 70, 142
小針（1993）　125

さ
坂原（1985）　61, 77

参照情報　21, 22, 24, 32, 34, 91
参考情報の提示　30

し
しかも　132
自己完結的な納得　175
自己納得　115, 116, 118, 120, 175
自己納得的　123
自己納得的な「から」　110, 113
事情　180
事情の説明　143, 145, 146, 153, 154, 194
シ節　2, 161, 180, 197, 199
自然な帰結　113, 116
事態に対する話し手の態度　172
事態の受け止め方　115
事態の認識のしかた　175
志村（1993）　56
終止形　150, 151
終助詞　142, 167, 168, 170, 175, 179
終助詞化　16
終助辞化　6, 143
終助詞的　15, 153, 160
終助詞的な「から」　57
終助詞的なノニ　114
終助詞的な用法　3, 4, 16, 25, 34, 60, 70, 142, 143, 144, 153, 154, 159
終助詞としての用法　154
従属節　167, 179, 198

索　引

従属節の使い方　187
主節　182, 187, 188
主節の省略　182
主張のズレ　183
主張のトーン　184
条件節　172
条件提示　67
「条件提示」用法　40, 41, 44, 52, 54
条件の現実化　62, 65
条件文　61, 64
焦点　119
焦点部分　119
省略　19, 180, 182, 188
白川（1991a）　54, 67
白川（1995c）　167
心的態度　79, 82, 139, 174

す

勧め　69, 73, 79, 84, 87, 91, 171, 172
ズレ　187, 191

せ

接続語句　20
接続詞　167, 177, 179
接続助詞　131, 141, 142, 153
接続助辞　6, 143
接続的な形　6
接続表現　50, 127, 172
接続用法　89

説明のモダリティ形式　179
前言の補正　23
先行する文脈　154
先行文脈　154, 178
前提　61, 64, 65
前提情報　45, 54, 57, 59, 67, 91, 193
前提となる情報　48
前提部分　119

そ

ぞ　167, 168, 170, 175
そうしたら　50
挿入的な用法　23
遡及的　132, 139, 162
遡及的に関係づける　176

た

ターン　11, 29
待遇的　189
対事的な態度　163, 172, 175, 197
対事的なモダリティ形式　172
対事的モダリティ　171, 172
対人的な態度　91, 167, 175, 197
対人的なモダリティ形式　167, 172
対人的モダリティ　170, 171, 172
タイミング　50
高橋（1993）　5, 6, 16, 70, 143, 161
だから　44
だからと言って　21

田窪(1987)　118, 119
但し書き　23, 24
だって　119, 121, 123
だって〜から　121
タラ節　170, 171, 183, 197, 199
タラ節・レバ節　159
タリ形による接続表現　129
段取り　48, 49, 50
「段取り」用法　41, 48, 60
談話機能　68, 91, 97, 118, 125, 128, 177, 179, 180, 196, 198
談話的な機能　138
談話文法的な機能　140
談話レベル　3, 70, 161, 167, 179, 197, 198

ち

陳(1987)　170
陳謝　143, 149

つ

ついては　47
〜って　198
鶴田(1984)　76

て

提示　170
丁寧体　109
〜ておく　58

〜てくれる　73
テ形節　2, 142, 177, 180, 193, 197, 199
テ形による接続表現　129
〜ですから　195
〜でも　73
でも　21
寺村(1984)　130, 131, 135
寺村秀夫　201

と

〜と　198
というのは　119, 121
と言っても(〜ない)　21
土井真美　29
統括命題　130, 131, 135, 137
統語的な不完全性　197
統語的に不完全な表現　160
統語的に不完全な文　89
どうして　38
当然　175, 176
当然視するニュアンス　195
倒置　17, 135, 146
倒置構文　20, 132
倒置的な用法　18
倒置の用法　18
倒置文　40, 41, 51, 52, 53
独立文　4, 5, 14, 132, 167, 170, 177, 179, 197, 198
独立文と従属節との平行性　198

独話場面　113

な
なあ　73
〜ないと　199
中右(1994)　140
中右実　201
〜なければ　199
なぜなら　119, 121
納得　112, 163, 174
〜なんて　73

に
仁田(1991)　71
日本語記述文法研究会(編)(2003)　175
日本語教育学会(編)(1982)　120
日本語教育文法　188, 199
認識　172
認識状態　21, 23
認識のギャップ　170

ぬ
縫部義憲　200
沼本克明　200

ね
ね　167, 168, 170

の
のだ　97, 98, 194
のだから　40
野田春美(1995)　40
野田春美(1997)　179
野田尚史　120
野田尚史(1989)　198
ノダ文　179
ノデ節　198
ノニ節　8, 114, 173, 175, 182, 197, 199

は
背景的な知識　111, 112
白紙の状態　85, 88
蓮沼(1991)　44
蓮沼昭子　31
蓮沼啓介　20
長谷川ユリ　29
働きかけ　75, 91
発話行為　149, 150, 151, 152
話し手の心的態度　72, 76, 78, 197
バリエーション　97, 131
反実仮想　82

ひ
非言語的な状況　107, 147
非言語的文脈　107, 178
非制限的従属節　119
非難　143, 150

評価的感情　72, 73, 78, 91, 172
評価的態度　161
評価的な感情　115
評価的な判断　176
評価のモダリティ　171, 172
表出　72, 75, 91, 172
品詞論　5
品詞論的　144, 161

ふ

「不完全文」　70
複合的な接続形式　199
福田（1994）　17, 18, 27
普通体　109
舩城俊太郎　47
文型　187, 188
文内容　129, 131, 132, 134
文の連接関係　180
文文法的な機能　140
文脈依存　160
文脈依存性　153
文レベル　3, 161, 179, 188, 196, 197, 198

へ

併存用法　128, 129, 131
並列関係　131
並列的接続　128
べきだ　172

ほ

ほうがいい　172
方言　174
補正　20, 184, 191
補足（補正）　34

ま

前田（1996）　114
益岡・田窪（1992）　4, 15, 25

み

三上（1955）　6
水谷（1989）　26
南（1974）　127
南（1993）　6, 25, 39
三原（1995）　27, 34
宮崎ほか（2002）　170
宮地（1984）　19

も

モダリティの体系　140
モダリティ形式　167, 172, 175
望月（1990）　42
もっとも（〜ない）　21
もっともなこと　174
ものだから　40
森田（1980）　62, 121
森田（1989）　15, 25, 70, 74, 129, 134
森山卓郎　40

索　引

もん　175
問題設定　105, 106, 108, 115, 116, 118, 120, 123

ゆ

誘導推論　77
湯沢質幸　200

よ

よ　31, 167, 168, 170
余情　160

ら

〜られる　73

り

理由　37, 38, 98
理由の説明　110, 118
理由の同定　112
理由を表さない「から」　40

る

累加　132, 174, 180
累加的　134, 177

れ

列挙用法　128, 131, 134
レバ節　170, 171, 183, 197, 199

ん

〜んですが　188, 190

|著者紹介|

白川 博之（しらかわ・ひろゆき）

生まれ	1958年、東京都世田谷区
学　歴	筑波大学第一学群人文学類卒業
	筑波大学大学院博士課程文芸・言語研究科言語学専攻単位取得退学
	博士（学術）
職　歴	筑波大学助手、広島大学講師、助教授を経て、現在、広島大学教授
	（大学院教育学研究科日本語教育学講座）
著　書	『コミュニケーションのための日本語教育文法』（共著、くろしお出版、2005），『講座・日本語教育学第6巻言語の体系と構造』（共著、スリーエーネットワーク、2006），『現代日本語文法6　第11部複文』（共著、くろしお出版、2008），『シリーズ文と発話2「単位」としての文と発話』（共著、ひつじ書房、2008），ほか

「言いさし文」の研究

2009年6月17日	第1刷 発行
2015年12月10日	第2刷 発行

著 者 　　 白川 博之(しらかわ ひろゆき)

発 行　　　株式会社 くろしお出版
〒113-0033 東京都文京区本郷 3-21-10
TEL 03-5684-3389　FAX 03-5684-4762
URL http://www.9640.jp
E-mail kurosio@9640.jp

印刷所 　　 株式会社 シナノ

装 丁 　　 折原カズヒロ

©SHIRAKAWA, Hiroyuki 2009, Printed in Japan
ISBN 978-4-87424-451-7 c3081

● 乱丁・落丁はおとりかえいたします。本書の無断転載・複製を禁じます。